FROM 1900

漢口 HANKOW 05

Srdečné díky za pohlednici …
…enky – amalčenka – či snad amalička …
…čerka!? Proč jsi nehodný metly, kterou jsi …
…mi poslala na mne? Poněvadž jsem pořád …
…hodný, než abych si takovou metlu zasloužil …
…! Vy se smějete? No, já nevím kdo z …
…zam nic praštil, ale maminka mají …
…aspoň pískávala. Chacha-cha. Ještě …
…mi napadá: že ta metla spíše by se hodila …
… Vás, neboť já jsem vždy slýchával, že …
…čtu jsem mnohem neposlušnější než …
…hrážejte se proti tomu? Nic jiného …
…nedalo se ani očekávati. Já však nejsem …
…i o krok zpátky …

Váš amalička …

記憶郵遞

百年前發自中國的50封明信片

林育德◎著

From 1900 Mail to 2000

臉譜書房 FS0003

記憶郵遞：百年前發自中國的50封明信片
From 1900 Mail to 2000

作者　林育德
平面設計　A+ design
責任編輯　鄭立俐
發行人　蘇拾平
出版　臉譜出版

發行　城邦文化事業股份有限公司
台北市信義路二段213號11樓　電話：(02)2396-5698　傳眞：(02)2357-0954
網址：www.cite.com.tw　e-mail：service@cite.com.tw
郵撥帳號 1896600-4　城邦文化事業股份有限公司

香港發行所　城邦(香港)出版集團有限公司　香港北角英皇道310號雲華大廈4字樓504室
電話：25086231　傳眞：25789337　e-mail: citehk@hknet.com

馬新發行所　城邦(馬新)出版集團　Penthouse, 17, Jalan Balai Polis, 50000 Kuala Lumpur, Malaysia
電話：603-90563833　傳眞：603-90562833　e-mail: citekl@cite.com.tw

初版一刷 2001年5月1日

ISBN 957-469-393-7

定價：380元

閱讀說明

本書在視覺的連續上是以五十張百年前的老明信片串成一條主線，我們盡可能的使圖片與圖片之間發生哪怕是些微的聯繫，從而使之成爲一體，然後，隨著百年前的外國旅行者的腳步進入情境。故事是圍繞著1900年展開的，其中包含著多重跳躍的線索，時間和空間在這些線索間交錯雜陳著，使得全書的時態充滿著不確定。

談論明信片必然離不開郵票，而說起中國早期郵政就一定得提起赫德這個人……凡此種種，都是構成本書的肌理和脈絡。本書的立意並不在於定義與解說，而在於呈現與提出，這將提供一種全新的閱讀經驗，使閱讀的過程同時也是詮釋的過程。

目次

漫長的郵路

百多年前，這些明信片由西方旅行者、商人、外交官、傳教士或士兵手中從中國各個通商口岸寄出，時間大約是1900年前後，最晚到民國初年。經過漫長的海上旅行，這些負載著中國圖像與東方情境的明信片被安全送達寄件人日夜思念的親人手裡，旅行者們把他對親友的思念和他在中國的探險經歷化約成一張薄薄的紙片，藉此和親友們分享他的神奇的旅行見聞，並且片段地向遠方親友一一呈現自馬可波羅以來盛傳於歐洲的古老帝國的眞實面貌。

當收件人滿懷喜悅地在親友間傳閱著這一張張來自遙遠東方的風景明信片時，他們可以深切地感受著寄件人發自遠方的祝福與思念，並且欽羨著寄件人的神奇經歷與收穫，然後，他們可以透過定格於明信片上的片段圖像，更多的注視著中國，注視著那曾經輝煌的古老文明在世紀之交的破敗景象。注視著掛在每個男人腦後的有趣的豬尾巴；注視著橫臥煙榻正享受著奇妙快感的鴉片煙民；注視著文明古國的種種殘酷刑罰：凌遲、砍頭、站籠……；注視著中國婦女們無辜的小腳……。人們用這些片段的圖像，根據自己的意願與需求，或價值與詮釋，爲自己拼貼出一個光怪陸離的，或奇風異俗的，或充滿機會的中國。

百多年來，這些被郵寄到遙遠異國的中國圖像就這麼被傳閱著，被收藏著，被拍賣著，也被一代代收藏者詮釋著和議論著。如同那些不可考據的中國人像，隨著時間的推移與世事更替，那些寄件人與收件人也隨之不可考據了，只剩下一串串姓名和隱藏於字裡行間的亙古不變的世態人情。百多年後，當我細細地端詳這一張張只用了三天時間就從遙遠的歐洲寄抵台灣的明信片時，我幾乎可以感受到百年前收件人在從郵差手中接過信件時的激動之情，當然這種感情是不一樣的，畢竟，這一張張明信片已經在郵路中輾轉運行了一百年了，百年後的現在，我成了它們的收件人，而寄件人竟彷彿是片中的陌生男女，他們正默默地注視著鏡頭，以百年前凝固於瞬間的表情陳述著各自的幸與不幸。

這些發自中國各通商口岸的明信片幾乎全數由外國在華機構製作發行，包括外國在華設立的郵局及其他私營的集郵公司。1834年，英國首先在廣州開辦了英國郵局，鴉片戰爭後，英國郵政業務由香港次第擴展到各個通商口岸，法、美、俄、日、德、意、比等國也先後在中國沿海及內地城市設立郵局，這些外國郵局在當時被含蓄地通稱爲「客郵」。在華的各國客郵除少數國家印製發行了一部分印有中國國名或地名的郵票，大多數國家則直接使用加蓋“China”字樣的本國郵票。此外，各國駐華領事館、租界工部局、外國團體及私人都可以以各種名義在十一個商埠城市設立「書信館」，並發行郵票，這一類郵票後來被稱做「商埠郵票」，只限在十一個城市書信館收寄的信件上貼用或是在商埠間傳遞信函時使用。

由下面的引述，我們就可以知道，在當時，一個外國人想在中國成爲一名郵政局長有多麼容易。這是上海英文《字林西報》上的一則通告，上面寫著：我，葛雷森，從本月1日起委派我自己爲蕪湖本地郵局局長，此告，1894年7月4日於蕪湖。

儘管出自外國人的手筆，1878年7月，清政府終於發行了中國郵政史上第一枚具有現代郵政意義的郵票——大龍郵票。但是，這枚由官方首度發行的郵票竟難以在國境內外通暢地使用。凡是貼大龍郵票寄往境內的郵件，須經海關郵局交由各地民信局轉寄，至於寄往境外的郵件，由於中國並非萬國郵聯成員，必須經海關郵局交由外國在華郵局（客郵）轉寄。因此，我們在存世不多的實寄封或實寄明信片上，經常可以看到大龍郵票或甚至稍晚發行的蟠龍郵票與客郵或商埠郵票並行貼用的情形。

1985年2月，台灣郵政總局爲一位由來頗富爭議的人物發行了一套紀念郵票——赫德誕生一百五十年紀念郵票。然而，無論人們對他的評價存在著什麼歧異，只要談到中國海關及中國郵政制度的建立、談到大龍郵票，就無法不提起這個人。

羅伯特・赫德（R. Hart. 1835～1911），中文名赫鷺賓，愛爾蘭人，於貝爾法斯特女王大學畢業後進入英國外交部工作，1854 年來到中國，由此開始了他那令人豔羨的中國傳奇。

據說，這個人身量不高，體形瘦小，「滿臉和善，深沉而又幽默」，「嗓聲很低，說話時顯得有點內向而一絲不苟」。「他是個能讓你愉快的伙伴，他有講不完的故事……對你的關照細緻入微，在你眼中猶如一位溫柔的女性」。但是，在另一些外國人眼中，他卻是「一個鐵石心腸的獨裁者」。「大清國海關簡直就是一個政府中的政府……他的絕對統治地位，即使是俄國沙皇也會豔羨不已」。然而「赫德爵士的全部成功就在於他的這種絕對權力」。

1859年，赫德辭去英國駐華領事館的工作，由寧波啓程去往廣州擔任廣州海關副稅務司之職。在中國短短幾年的經歷，使他充分掌握了中國官商的進退尺度，並能靈活地說寫中文，「在某些方面甚至超過英文」。1863年起，赫德正式接任中國海關總稅務司，這時，他才剛滿二十八歲。

1865年前後，由於國內戰禍頻仍，包括太平天國及捻、回起義事件，清政府生怕原由本國驛站代寄的外國郵件在交遞途中有所閃失，而引發外交衝突，便索性將郵政業務交給赫德辦理。據說，「赫德對此早有野心」，當清朝官員向他詢及此事，「赫德一口便答應了下來」。1866年，總稅務司署先在北京海關總署及上海、鎮江等地海關成立郵務辦事處，1878年成立海關郵政局並發行了目前集郵界炙手可熱的「大龍郵票」。

1896年，大清國郵政局以赫德擬定的《郵政章程》，由李鴻章具折上奏，經光緒皇帝御筆朱批而奉旨成立，赫德以海關總稅務司之職身兼首任總郵政司，直到1908年返回英國。1911年10月，清朝覆滅，而僅僅三個星期前，在地球的那一頭，赫德已溘然辭世了。

東方的綺麗夢想在遙遠異國的一代代人之間如絲如縷的傳遞著，馬可波羅多年前播下的夢想的種子，經過幾個世紀的萌芽，終於在十九世紀開花結果。

十九世紀中葉著名的英國傳教士傅蘭雅回憶說：「在我的孩提時代，沒有什麼東西，能比閱讀我千方百計弄來的有關中國的書，更令我愉快。上作文課時，我的題目總是與中國有關。我太想去中國了……。」

傅蘭雅的中國夢來自父母的影響，當他還是個孩子時，「便被父母講的有關中國的故事迷得神魂顛倒」。每次有從中國返回的傳教士、商人舉辦有關中國的報告會，父子倆必到場「全神貫注聆聽」。他父親是個清寒的牧師，儘管如此，他仍「傾其所有捐獻資助在中國的傳教士」；至於他的母親，「則在一段時間，乾脆以大米為主食」。

赫德生在愛爾蘭北部的一個小鎮，家境並不寬裕，大學時代曾立志成為醫生或律師，十七歲那年，一場有關中國的講座改變了他的命運。畢竟，在英國，「事業之門對他這種背景的年輕人未免太窄了」。在中國，「誰還有閒心去調查你的出身」？

就這樣，「一浪接一浪的外國人湧入中國」。然而，無數旅行者、商人、外交官、傳教士甚至一文不名的冒險者，幾代人對這個東方帝國的探索與開拓所期望成就的功業，幾乎全都一一化作赫德頂上的炫目的光環。於是，人們說：「這實在是生活的奇蹟……這個在窮鄉僻壤長大的愛爾蘭小伙子，倫敦對他就已經夠遠的了，他卻……。」人們說；「倘若他窩在愛爾蘭，他休想……。」於是，據說在當時的英倫三島，刻薄的人們經常向遊手好閒或不學無術的人這麼說：去吧！去中國吧！只有它會給你機會。如果見到有突然充闊的破落戶，他們會說：你是從中國回來的吧！

無論如何，赫德的成就給西方世界提供了一個創造奇蹟的典範。「幾乎沒有哪個平民像他一樣得到過如此多的榮譽」，包括英國，凡是與「在華利益」有關各國，甚至瑞典、葡萄牙和美國，都紛紛授予他崇高的爵位和勳章。在中國，他身兼要職，欽授頭品頂戴，官拜尚書並加封太子太保，就連他遠在愛爾蘭鄉下早已過世的祖父也被大清皇帝追封官爵。

作爲「冒險家的天堂」，十九世紀的中國的確是創造奇蹟的肥沃土壤。在這個光怪陸離的歷史氛圍中，造就了常勝將軍華爾（1831年生於美國麻州）和他的副手白齊文，以及華爾的繼承人戈登；造就了傅蘭雅（後任職江南製造局）；造就了猶太富豪哈同……；當然，它更造就了「咱們赫德」（恭親王奕訢這麼叫他）。

1994年11月，當這些歷史場景已經遠遠的離我們百年之遙了，在香港的一場郵品拍賣會上，一枚奇蹟式的以一百四十九萬港元成交的實寄封，似乎正悄悄地向我們演示著那一齣齣百多年前的奇蹟。

這是一張讓外行人看著毫不起眼的老信封，1945年抗戰勝利前夕，上海著名郵商陳海忠經葡萄牙人立陶引介，從一名被日軍關押在集中營裡的美國人手中購得，然後轉售給郵商王振川。上海《國粹郵刊》主編陳志川聞訊趕赴王振川處，經多方懇求，「王氏念其態度誠懇，遂轉讓給他」。

陳志川得到這張實寄封後，興奮不已的寫下這段文字：

此封貼有薄紙五分銀票橫三連，係由北京祕魯公使館寄上海福利公司者，銷戳為北京總稅務司署，郵戳上簡寫為“I. G. of Customs”之藍色雙線小圓戳，日期為1878年10月5日，封背有同年10月12日之D字上海LOCAL POST藍色小圓形到達戳。計其遞送時間為七天。蓋封面有西文Pr. Customs Courier，即指經由「海關陸路騎差」所遞送者是也。

……為吾國大龍郵票中存世最早之實寄封矣。……吾人殊堪重視……。

陳志川畢竟也是一名將本求利的郵商，儘管愛不釋手，把玩幾個月後，他就把這枚「華郵第一古封」賣給了上海集郵界聞人郭植芳。1948年底，上海解放前夕，郭植芳帶著他的所有藏品，經香港轉往美國定居。到1950年代末期，這枚不起眼的實寄封被輾轉賣到台灣，爲台北著名集郵家，前建國中學校長黃建斌先生收藏。1994年11月，在香港的郵品拍賣會上，這枚實寄封由黃先生手中高價拍出後，至今不知去向。

有個名不見經傳的英國商人，由於這枚實寄封，使他的名字在集郵史上無法不被提起，那就是這封信的寄件人（可能是他委託別人從外地寄給自己）和收件人

——亨利・歐瓦爾（Henry Everall, 1842～1886）。

根據海關檔案記載，歐瓦爾於1860年從英國來到上海，任職於信封上的收件地址——上海福利有限公司（Hall & Holtz）。據說，福利公司原本只是一家麵包店，後來才擴大到服裝、鞋帽和日用百貨，並在天津、漢口成立分公司。

1876年4月，日本在上海設立客郵郵局，曾聘請歐瓦爾擔任駐上海代表，由此不難看出他對集郵市場應該具有的認識，並與在華的各國郵政體系可能存在的密切聯繫。

我們無法證實他和赫德是否熟識，但可以確定，他和赫德的手下，天津海關稅務司，負責大龍郵票發行的德璀琳（C. Deting, 1842～1913）往來密切。

1878年7月，大龍郵票在天津開始發行。從8月18日到9月5日短短十九天裡，德璀琳給遠在上海的歐瓦爾寫了五封信，通知他及時購買大龍郵票，不僅「繼續供應，數量不限」，而且可以先取票後付款。如此優厚的購買條件，使歐瓦爾成爲大龍郵票最大的擁有者。據載，他先後購買了薄紙大龍郵票一分銀二百個全張，三分銀六十七個全張及五分銀二十五個全張，除了少量自己收藏外，他將大部分郵票及時轉手賣給歐洲郵商。

1886年歐瓦爾於上海去世，他的妻子根據他的遺願帶著六個孩子返回英國，從此，歐瓦爾這個名不見經傳的普通人，就和所有曾經活躍於各自的小小的領域的普通人一樣，隨著同時代少數熟識的親友的一一故去，而逐漸的不再被談起而淡忘了。直到百多年後。

百多年後，歐瓦爾的後人帶著先人的部分遺物移居澳大利亞。1993年春天，一場專場拍賣會使「歐瓦爾」這個令人陌生的姓氏以充滿龐大經濟價值的含意在少數中間被重新談論著。在眾多昂貴的拍品中，人們注目著由歐瓦爾後人付拍的十七枚老信封，那是百多年前由北京、天津、牛莊、煙台及鎮江等地寄往上海福利公司的實寄封，收件人亨利・歐瓦爾。

歐瓦爾的實寄封由於收件地址均爲「上海福利公司」，因而被集郵界稱爲「福利封」。截至1998年底，全世界共發現了三十一枚福利封，其中以1994年於香港拍出的那枚銷戳日期最早，爲1878年10月5日；最晚的一枚爲1879年10月14日。據說，歐瓦爾的健康從這時候開始惡化，使他錯過了1882年闊邊大龍郵票和1883年厚紙大龍郵票的發行。

我們無緣一睹歐瓦爾百多年前純粹以創造價值爲目的而寄收的福利封眞品，在那些經過反覆轉印而影像模糊的圖片上，那一張張字跡含混的古老信封卻仍能隱隱的向我們透漏著什麼。百多年來的歷史積澱，使它絕不是某一張半露於鄰家信箱之外的陌生來信，儘管我們和歐瓦爾、和赫德……和眼前這些明信片上陌生的收寄件人姓名以及圖中百多年前沉浮人世的陌生男女，從來也不曾熟悉。

世界第一張明信片是在1869年10月1日由奧地利郵政局於維也納發行，據說，它起源於一位教授的建議，而這位教授的建議則又來自一位德國畫家未被德國郵局接納的靈感。幾經周折，奧地利郵政官員在即將發行的明信片上加註了這麼一段文字，才總算解除顧慮。上面這麼註明：郵政局對所寫內容的保密性概不負責。

中國第一張郵資明信片是在1897年10月由大清國郵政局發行，而早在1874年由上海工部局發行的小龍明信片則未被視爲正統。

明信片大致可分爲郵資明信片和無郵資明信片兩大類，風景明信片屬於後者，允許由非郵政部門或民間機構自行製作發行。中國的風景明信片肇始於十九世紀末，據說是一名頗有創意的商人雇用畫師在官發的明信片上作畫，一時洛陽紙貴，而爲中國風景明信片濫觴。這一類手繪風景明信片存世數量不多，但由於工筆粗糙，除了當作一種稀有郵品收藏之外，並沒有多少審美價値。

從現存實寄風景明信片來看，私人或外國在華機構製作發行風景明信片的年代，可能比官方發行要早上許多年。作爲信件的一種，當明信片無法具備一般信件的保密性之後，滿載異國風情的風景明信片似乎又在另一個意義上體現出它的價值。畢竟，在那個通訊相對落後的時代，這種開放的、精美的、可供傳閱的郵品，對一個遠離家鄉的旅行者而言，不啻爲一種向親友表達關切並展示自身旅行經歷與成就的簡便方式。

甚至在百多年後，作爲漫長郵路中的某一個收件人，當我如同曾經的衆多收件人一樣，滿心歡喜的端詳著這一封封遠方的來信時，那一串串模糊的字跡，一枚枚郵票和戳記，與一張張凝固於瞬間的表情，仍竭力展示著屬於他們時代的浮華與虛榮，和屬於他們命運的沉浮起落。

大量的旅行者、商人、外交官、傳教士或士兵，把這一張張負載著中國圖像的風景明信片郵寄到他們各自的國度，同時，伴隨著大量信札、遊記和其他文字紀錄，藉以詮釋他們親眼所見的中國，無論他們的語氣是多麼的不堪，而這樣的敘述方式似乎正足以取悅那些生活優裕的讀者。也許吧，這正是半殖民半封建的中國的實際情況。

本書將引述大量西方旅行者的遊記，用他們的語言來解說百多年前他們的親眼所見。好吧！「讓我們繼續往前走，看看中國人都在幹些什麼」。

i západě: že ti mětla spíše už i pám
čas, neboť já jsem vždy spěchával, že do
tu jsem mnohem nezpůsobilejší než my
ažjste i proti tamní: Nic jiného se
dalo ani očekávati. Já však nejsem
o krok zpátky
[illegible]

記憶郵遞

1908
廣州～維也納的平安家書

20

廣州是最早開闢的通商口岸，儘管法國政府早在1862年就已經在上海等地相繼開辦郵局，但遲至1901年6月，法國廣州郵局才在法屬安南郵政總局的管轄下成立，並以安南郵政總局發行的郵票加蓋改値後行用。

這張由M. Sternberg 公司在香港出版的明信片，於1908年10月從廣州寄往維也納，片上貼用加蓋"Canton"、改値「肆分」的安南婦女頭像郵票。這位旅行者可能先到達香港，再沿珠江上行至廣州後，才將這張明信片寄出。信上並沒有寫些什麼，好像只是報平安而已，告訴收件人他已安全到達廣州了，而片中所呈現的正好是廣州街市的奇妙場景。

也許某一位至今仍生活在這個城市的古稀老人，可以如數家珍的告訴我們有關這條街道的許多故事；也許他還可以一眼認出圖中的某位店主，然後又牽扯出一段段鮮爲人知的市井掌故。然而，這條有趣的街市可能早已毀於自黃花崗起義以來的綿延戰火，或者掩埋在現代市政建設的鋼筋水泥之下。

Canton.

Published by M. Sternberg, Hongkong.

POSTCARD

UNION POSTALE UNIVERSELLE

For Writing

For Address.

Mr Louis Bauer
Taborstrasse 8
Vienna II
Austria

No.1

台灣著名畫家郭雪湖筆下的台北大稻埕和這條廣州街市頗爲相似，也許吧！百年前的南方城市大約都是這般景況。

我們所熟悉的住商混合或前店後廠式的店鋪格局，和狹窄街市中熙攘而吵雜的熱絡景象，其實並不是每一個外國旅行者所能理解和接受的，正如同現代的旅行者也難以認同和適應我們的夜市一樣，他們的不解與疑惑，和百年前的旅行者大致沒有什麼不同。

英國傳教士麥高溫(D. J. MacGowan) 於1860年來華，在他的衆多關於中國國情的著作中，有這麼一段針對某個南方城市的描述，他這麼說：

店鋪都是按同一風格建造的，它們的特徵就是大大地敞開著，即在白天打開門板後，店內的一切甚至連家庭生活的每一個細節都昭然若揭，只有到晚上才用門栓閂上門。一家接一家的門都是一樣的，在那數不清的街道和巷弄裡的門，設計方式與兩千年前他們祖先的基本思路完全一樣。真的，在中國的城市裡，似乎全部的商業活動都是在街道上進行的，而個人的生活則完全沒有什麼祕密可言。

散步南方城市

這張日本製造的明信片是在民國3年1月由上海寄往匈牙利的，片上貼用中華郵政於1913年首度發行的倫敦版帆船郵票，面值一分。

儘管已經是民國初年發出的郵件，但畫面所展示的，大抵仍是清朝晚年的南方城市圖景。麥高溫教士的《*Men and Manners of Modern China*》一書，1909年首版於上海，藉由他的描述，或者仍可以折射出百年前的市井影像。

現在就讓我們去走走看看！隨著人流走過狹窄的街道，我們來到了一片開闊的廣場，在那裡，各種人的生活方式盡收眼底……。

廟前的開闊地帶大多被行商們擺放的各式各樣的貨物佔滿了，他們的貨攤散布在廣場的各處，連便道也被這些人任意佔用，其間只留出了很窄的通道供人們往來穿行。這兒有一個賣糖果的小販，籃子周圍圍著一大群孩子，他們目不轉睛地盯著眼前這誘人的東西，口水都要流出來了。那醃

arte postale – Postkarte – Post Card
lonna postale – Dopisnice – Levelezo-Lap – Karta korespondencyjna – Briefkaart
Correspondenzkarte – Tarjeta postal – Brefkort – Brevkort – Открытое письмо
MADE IN JAPAN
A. 43
Native City in Shanghai.
No.2

在糖裡的蜜餞和天津蘋果，油炸的褐紅色的花生米和一塊塊多汁的太妃糖，使人垂涎欲滴，而且價格便宜。就吃糖果而言，中國簡直就是兒童仙境。這裡出產花生糖、多汁的甘蔗、蜜餞和一大堆叫不出名字來的好吃的東西，孩子們在任何時候都能以極低的價格買來一大堆品種不同的糖果一飽口福。

離糖果攤幾步遠的地方是一個水果攤……。

我們再往前走，見一個男人坐在一個低矮的圓桌旁，桌上有一只白瓷碗，一群人正蹲在他的四周，他們正以焦急的目光盯著這個負責把三四個骰子擲入碗中的人。一眼就能看出他們是一伙賭徒……。

就在這伙賭徒的旁邊是一個走街串巷找活的剃頭匠……。那個民族特有的耐心使他心情平靜地等待著顧客的光臨……。從他那悠閒的舉止，平靜、沉穩的面部表情中，人們絕不會想到他已瀕於財盡囊空的境地，離債台高築也就只有一步之遙了。

廟前廣場的奇妙景象似乎讓麥高溫教士流連忘返，他繼續慢慢悠悠地往前走著，雖然剛剛剃頭師傅將顧客的眼皮翻起，「用鋒利的剃刀沿眼睛四周來回滑動」的舉動，曾令他膽戰心驚，但絲毫沒有影響他未盡的遊興。他隨著人流慢慢的往前移動著，穿過廟門口聚集在說書先生四周的人群，穿過算命攤子和一張代寫書信的小書桌，然後是一個正在給人拔牙的江湖郎中的街頭診所，然後是演雜技的、說笑話的和令他想起《龐奇和朱迪》的木偶劇……。然後，他還繼續往前走著。

混同於方寸間的國境與異境

1886年8月，德國政府在其駐上海領事館內開辦了第一個在華郵政代辦所，隨後，又於天津等各地相繼設立，到1897年才正式成立郵局。在此之前，德國在華郵局均使用德國國內通用的郵票，1898年以後，才開始使用加蓋“China”字樣的德國郵票。

這張明信片是由位在上海南京路的Max Nossler & Co. 出版發行的，1903年9月12日從上海寄出，同年10月16日到達德國的Charlottonburg，片上貼用橫蓋“China”、面值十芬尼的德皇頭像郵票。

圖中呈現的場景，正如同麥高溫教士在廟前廣場所見，只不過，對場內外市井人物品頭論足似乎比觀賞雜技來得更有趣。他說：

> 我們又一次匯入人群中，隨著人潮向前湧動。儘管環境惡劣，到處都是垃圾和難聞的氣味，但在這狹窄的、坑坑窪窪的道路上的所見所聞都深

No. 168T Max Nössler & Co., Shanghai, 38 Nanking Road

Chinesische Gaukler

POSTKARTE — WELTPOSTVEREIN

Carte postale — Union postale universelle

10 China REICHSPOST 10

SHANGHAI DEUTSCHE

Herrn Fritz Stoppe

Charlottenburg b/Berlin

Spandauerstr. 17.

Gartenhaus 2 Tr.

Germany

No.3

深地吸引著我們。這裡有著西方人做夢也想不到的生活方式，有代表著這種文明的完全陌生的行為和只有富饒的東方才會有的思想。在這混雜的人群中，有用扁擔挑著土特產的農民，有剃著光頭、穿著破舊袈紗的和尚，有小販，有藝人，還有遊手好閒的地痞，當夜幕降臨這個城市時，這幫地痞一臉的賊相和惡相就都顯現了出來。你可以設想自己是在一個大市場裡，在那裡，各個階層的人都聚集在一起，既為了遊玩，也為了做買賣，但實際上娛樂的成分更多一些。說笑話的和江湖藝人佔了大部分，不知是為什麼，他們的臉看上去都顯得很滑稽，一看見他們就會逗得你發笑，這使人們真有些莫名其妙。

我們繼續慢騰騰地走著……

以城隍爺之名求

這個國家的每座城市內，都建有一座城隍廟，這些寺廟巍然矗立，彼此遙相呼應。不同於其他寺廟的俗氣與單調，這類寺廟肩負著非同尋常的職能……。還是讓我們走訪一下這座聞名遐邇的寺廟，親眼看看每天在這裡發生的事情吧。

在這些湧入寺廟的人群中，最惹人注目的是兩個男人，他們似乎就是接下來這令人興奮的一幕的主角。

麥高溫教士所說的「令人興奮的一幕」，就是「斬雞頭」。他詳詳細細地描述了整個過程，從燒香膜拜、宣讀狀紙、大聲爭吵、起毒誓……最後，「手中的利斧一揮就將雞頭砍落在地」。雖說「這場面顯得太過離奇和殘酷」，但是，「這一幕若被天才畫家展現在畫布上，定將成爲一幅震撼人心的不朽之作」。

In Front of a Chinese Temple

No.4

亨利・諾曼是十九世紀英國著名的遠東研究專家，作品《眞正的日本人》曾暢銷一時，兩年內四次再版。1890年，他來到中國，進行爲期四年的旅行和研究，1894年12月出版《近代中國社會》一書。

在華期間，他曾造訪總理大臣李鴻章，也是總稅務司赫德的座上客。在他的這本著作中，有大量篇幅用來歌頌赫德，以至他對上海連篇累牘的溢美之辭，讓人輕易的誤解爲是對赫德的諂媚或奉承。下面，就是他對上海的謳歌，而上海的一切成就，無非是盎格魯撒克遜民族「殖民天才的展現」。

在驚奇迭出的遠東旅行中，其中最讓人感到驚奇的或許就是上海初次映入眼簾的時候。海安號在黃浦江逆流而上的時候，我正在船艙裡埋頭寫作，所以直到海安號拋錨的前五分鐘，我才來到甲板上欣賞黃浦江兩岸的景致。當時我幾乎不能相信自己的眼睛。這簡直就是一座倚著一條寬闊而繁忙的大江的歐洲城市，景色壯麗之極。誠然，這種壯麗只是一種表象，

Shanghai. Nanking Road.
NATIONAL ELECTRIC CO
ELECTRICAL ACCESSORIES
SUPPLIES

No.5

因此可以說上海所能展示的建築之美以及她的殷實全在黃浦江兩岸了。但是，我正在敘說的是上海初次映入眼簾的印象。從這個方面來說，上海遠勝紐約，更勿論舊金山了，甚至可以說此刻她的富麗堂皇可與利物浦相媲美。

在亨利·諾曼看來，

就像古代高盧一樣，現代上海被分割成三個部分：英國租界、被稱作虹口的美國租界以及比這二者小得多的法國「租界」。三條河流將這三個租界相互分開——洋涇濱、蘇州河以及英國租界與中國之間的護城河。

最初管理上海的規章是由英國人在1845年制定的，這些規章在1854年經領事與上海居民協商而作了些修正。1863年，美國租界與英國的合併了，曾經多次試圖讓法國人也合併進來，但都徒勞無功。儘管在領土、人口與貿易上都要遜色不少，但法國人還是不願意加入，並一直處於1862年與中國簽定的「法國租界區」下。

圖中所示，就是「法租界」去往「中國城」的通道，那些列隊待客的黃包車和往來穿梭的人流，在在說明了這裡繁忙的交通狀況。這張明信片是在1909年宣統元

Postkarte. Post card.

Frl.

Fritzi Haneschka

XIII Trautmansdorfgasse 3a

Villa „Rabl"

~~Wien~~ Bad-Hall

Ober Österreich

Austria Europa

French Town (Eingang zu Alt-Shanghai) French Town (Entrance to Chinese City)

No. 264. Max Nössler & Co., Shanghai, 38 Nanking Road.

No.6

年由青島寄往奧地利，片上貼用德國膠州灣租借地郵局1905年版中國幣值特印郵票，面值四分，及1909年大清郵政發行，英國華路德公司印製的宣統登基紀念郵票，面值二分。

1897年11月，德國政府藉口兩名傳教士在山東被殺，派兵佔領青島，清廷被迫同意把膠州灣租借給德國作爲海軍基地之用，期限爲九十九年。1898年1月，德國膠州灣租借地郵局於青島等地先後成立，直到1914年一次世界大戰爆發後停辦。

41

地皮章程／上海／高盧

42

1854年7月，正當上海小刀會起義而清廷疲於應付之際，英、美、法三國領事在未經清政府同意或承認下，私下訂定了被視爲上海「憲法」的《修正洋涇濱地皮章程》，根據這個被他們認爲「最自私自利的、最示預兆的、最現實主義的法典」，「上海租界從此成爲一個自有主權的、自治的、國際的政治體系」。

「章程」中明確規定，中國人不許在外國租界內居住或擁有財產，但「毫無疑問，中國人的人數是要超過歐洲人的」。亨利・諾曼說：「我想，如果能夠告訴上海，她整個財產總額中到底有多少在這些人手上，上海也會大吃一驚的。」他說：

> 富有的天朝子民敏銳地覺察到這樣的事實：他的人身與財產，在聯合王國國旗與星條旗下，比在天子的代表那殘暴而任意的統治下，不知道要安全多少倍。因此，為了在外國租界內擁有一處他可以居住並做生意的好房產，他願意付出任何代價。

No.7

許多卸職或候補的官員現在都在上海安家落户，那些已經發家致富的商人也是如此。結果，上海最好的房產都由中國人佔據著，而這些房產中最上等的房產則是那些自命不凡的中國富家子弟尋歡作樂的場所……。

於是，租界內外不分中外人等都開始紛紛議論，正如同現在的上海街頭你可以輕易聽到的各種傳聞一樣，而且，實際情況也差不多。

許多掛著外國國旗進行貿易的船隻，實際上都是中國人的財產。此外，儘管這是一個祕密，但據説外國銀行存款中有相當一部分實際户主是中國人，並且這部分存款數額是驚人的……。

上海給亨利·諾曼另一個驚奇的地方，是形形色色的警察，他們正維繫著這個「模範租界」或「模範染缸」的穩定和繁榮。

實際上，上海至少由六種警察在守衛著——英國警察、錫克警察、英國化中國警察、法國警察、法國化中國警察，還有長腿的錫克騎警，這些騎警身跨強健的白色矮種馬，在市郊揮舞著他們的軍刀，讓喧鬧的中國居民區驚恐不安。

一名腦後還掛著辮子，「戴著碟狀小帽，裹著白色綁腿，手中揮舞著一根很小的警棍」的「一個十足的警察」曾令他印象深刻。「他在上海舉起手指將交通導向路的左邊的姿勢，與在倫敦市長官邸前的警察的姿勢別無二致」。而「一個法國警察，與你在法國大劇院前看到的警察一模一樣……」。

No.8

這是作爲美國租界的虹口。據說是上海開埠之後，美國領事葛里斯福特自作主張的隨意在這裡圈了一塊空地、插上美國國旗，就成了美國租界。由於這個「租界」從未得到清朝政府承認，所以被殖民天才們譏爲：簡直是自己生出來的。

美國人霍塞（Ernest Hauser）在他的《出賣上海灘》（*Shanghai：City for Sale*）一書中說道：

> 當英國人著手開闢上海時，原已料到美國人必將跟蹤而來。英國人明知他們是在替西方的國家作先鋒，而其他的國家則正在等待這次開路的結果。果然，在等到一切的進行都已順利時，美國便已和中國政府訂立條約，法國也追蹤而起。

然而，令霍塞大惑不解的是，美國人「和中國政府以和平的手段訂立的條約」，其中的部分條款竟然比「英國在武力威脅之下所訂定的更爲優厚」。

Shanghai—Hongkow Market. No. 26

No.9

美國人並不喜歡虹口，那裡「髒亂不堪而且臭氣衝天」，他們仍然鍾愛「流光溢彩、色彩斑斕」的英租界。於是，這裡就成了日本人的天下。據統計，1890年時，上海的日本人還不足四百名，到1910年前後已經增加到三千五百名，歐戰爆發後更一躍而增至近八千名。

1916年，當第一批日本警察加入工部局警務處，說是「為來維持虹口日本人僑居區域的秩序」時，原本譏笑日本「無力殖民台灣」的英國人，這時也感到驚慌。

上海中國城

立德夫人是著名英國商人、上海工部局董事李立德（Archibald Little）的妻子，她多才多藝而且熱心公益事業，據說，中國第一個「天足會」就是在她的奔走呼籲下成立的。在她的筆下，上海舊城及舊城中的庶民生活顯得別富生趣。她在《穿藍色長袍的國度》一書中這麼寫著：

> 上海的歐洲人很少踏出租界，甚至在中國住上二十年卻不會說一句中國話，正如他們所誇耀的那樣，他們從不涉足華埠。他們相信，上海舊縣城是中國最髒的地方。他們這麼做，很不明智。至少，城牆可以作五英里（也許不到五英里）的散步，道路很平坦，路過鄉村時還可以呼吸到新鮮的空氣。此外，利用這個機會，你還可以靜靜地看一看中國人和中國的街市。這是一個正在工作的木匠家庭，滿是刨花的地上生著一堆火，上面是一個熬膠的鍋。一旦需要加熱，家中最大的男孩就忙著用手提風箱吹火。更小的孩子在一旁玩耍，敬佩地看著哥哥，心裡想：有一天他們都會成為

Shanghai Chinese Porcelain Store.

No.10

木匠。看孩子的小女孩還把嬰兒抱給我們看，「你們想有這樣一個孩子嗎？」她問。「想，再舉高些。」我們答道。他們都開懷大笑，小女孩大笑，舉著個胖小子，差點摔倒。

55

Jinricksha

黃包車是傳教士的發明，先前叫作人力車，英語中叫Jen-li-che，但隨後很快傳到日語裡；因為日本人不分R和L音，就傳為Jin-ri-che，以致英語中稱為Jinricksha。黃包車無法穿過中國式狹窄、擁擠的街道，但有一整排獨輪車等著你去雇。街道很窄，轉彎處很陡。有個車夫似乎認定我們要雇他的車，你到哪他就推車跟到哪，像影子一樣堵住我們的去路。他脾氣總是那麼好，一句話也不說，我們沒法不報以同樣的好脾氣和沉默。最終，我們衝出獨輪車夫的包圍，走進城門。

上海舊縣城以髒和令人討厭出名，但在那個陽光明媚的下午，我們並沒有發現這裡多髒，多令人討厭……。

路上，我們遇見一個婦女在城牆上採一種黃色的小菊花，中國的婦女們把這種菊花別在梳子上，插在頭上作為飾品。有時候，她們會把頭髮盤起來，周圍插著小菊花，像帶葉的草莓一樣……。

A Chinese City.

No.11

58 有許多衣著整潔的婦女，帶著小凳子，結伴坐在門外縫縫補補……。

《穿藍色長袍的國度》初版於1901年，以後曾多次再版，是立德夫人衆多關於中國的著作之一。她的丈夫李立德於1859年來到中國，先是受一家德國商行委託，來華採辦茶葉，隨後成立了自己的「拉底默．李立德洋行」，並被推舉爲工部局董事，長期活躍於上海政界和商界。和他的妻子一樣，他也致力於寫作，在他的晚年生活中，「終日以寫作作爲消遣」。十九世紀末葉的一個夏季，作爲船主和船長，他帶著妻子從上海沿江而上穿越長江三峽來到重慶，他的「利川號」成爲第一艘駛入重慶碼頭的汽船。幾年後，他出版了《穿越長江三峽》一書。

和妻子不同的是，對李立德而言，這並不是浪漫的江上旅行，因爲此行的目的很清楚，只是爲了取得四川省內的採礦權和長江上游航運權。不久以後，果然如其所願，李立德洋行成爲首家獲准在四川省內開辦礦場的洋行，另外，他的輪船公司也同時在此成立。

作爲生活優裕的商人婦，立德夫人一如既往的在滿目瘡痍的舊中國精心巡索著她那五穀不分的浪漫，並在恰當的時機，對被殖民者的悲慘境地表示恰當的同情與關懷。她也精於攝影。每當她把自己攝製的中國圖像連同信件郵寄給家鄉的親友時，黃浦江上轟鳴的汽笛，常使她誤以爲是捎來親友回信的英國郵輪。她說：「是她嗎？啊！是她，是家鄉的船，她帶來了親人的消息……她帶來家中老母的叮嚀、家中孩子的盼望和妻子的思念；告訴我們茶葉每磅損失多少，絲綢的需求旺不旺……。」

中華民國大清蟠龍郵票

這張展現百年前江南水鄉風貌的風景明信片，大約是在本世紀初出版於上海，片上貼用1901年大清郵政始發、加蓋紅色宋體「中華民國」字樣的倫敦版無水印蟠龍郵票，銷蓋廈門郵局郵戳，銷戳日期爲1913年2月4日。沒有收件人地址和任何文字，可能只是某一位旅行者或集郵者，作爲「到此一遊」的紀念品或實寄明信片而已。

這一套蟠龍郵票由英國華路德父子公司承印，清帝遜位後，民國政府繼續履行與該公司的合約，惟須加蓋「中華民國」四字方可交貨。1912年3月，這枚加蓋的蟠龍郵票正式行用，直至翌年5月第一套帆船郵票發行後銷停。

這張經過手工著色的照片應該是在拱橋上俯角拍攝的，攝影者的出現顯然在寧靜的水鄉引起了小小振動，使大家都回首面向鏡頭，甚至對面拱橋上的人群也引領張望，而漆黑的窗口也似乎幌動著一探究竟的模糊身影。

立德夫人說：

No.12

乘船訪勝是上海生活的樂趣之一。一説「到山裡去」，大家都很興奮。農村與城市間沒有公路，能夠深入農村的只有水路。這裡河流密布，一種上面可以住人的小船可以在這些大大小小的河流中穿行。另外還可以乘帆船去吳淞口或黃浦江。一個冬日，我們乘帆船沿江而行，沿途見聞發人沉思。

但事實上，長久生活在水上的船民，卻似乎永遠也無法感受到立德夫人的樂趣和興奮。儘管他們對自身的命運早已處之泰然。

麥高溫教士曾經細心地觀察過這麼一個水上人家，他那白描的筆觸，使這一家子的生活面貌清晰可見。

在河上旅行中，我常常興致勃勃地觀察那些貧窮的漁民們的家庭生活，他們聚集於能捕到魚的內河上。夜幕降臨，這些小船或遠或近地按各自的路徑划向拋錨點。我所處的位置，正好離他們要到的地方很近，因此我能清楚地看見他們的一舉一動。

離我最近的這條船，其全家由丈夫、妻子、長大成人的兒子及兒媳婦和兩個小孫子組成。他們顯然並不覺得生活環境狹促，因為船頭盡處還養著一頭小豬，那頭小豬似乎也樂意待在狹小的空間裡。最年幼的小孩剛學會走路，他蹣跚向前的樣子，表明他極想到處闖闖。我注意到，小孩的腿上牢牢地拴著根繩子，這是為了避免萬一跌到船外不至於被淹死……。

二十五年前，這戶人家的父親從另一條船上帶回年輕的新娘。新娘也是從小在船上長大的，而岸上的姑娘永遠不願意嫁給船上人。新娘嫁過來之前，父親將船刷新了幾遍，但生活內容是照舊的。這樣，孩子們一個個出生、長大，女兒嫁出去，做了漁夫的妻子，唯一的兒子留下來，承續香火，並承擔起給父母養老送終的責任。

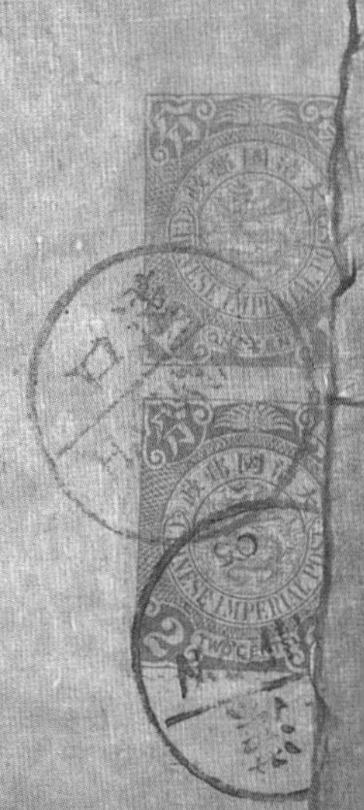

生活在水上的人們

E.A.羅斯是美國威斯康辛大學社會學教授，本世紀初曾到中國居留，1911年出版《變化中的中國人》一書。本書不同於嚴肅的社會學論著，更像是一本散文式的遊記或紀實小品。

羅斯筆下的船民生活，是那麼的淡泊名利而又與世無爭，對於自身的生活窘境，竟能甘之若素而又怡然自得。這無由讓我們想起那首傳唱於江南民間的〈道情〉……。

在南方，失去了土地的人們被迫移到河上居住，無數的人在舢舨或船上安家，度過了他們的一生。遇到好天氣，這些貧窮的人們像是住在兩端帶有遊廊的單間房中，他們與陸地上的人們一樣，過著美滿幸福的生活。這裡，人們不必擔心會遭到地主的解雇，沒有雇主來壓榨他們，也沒有工頭催促他們快點幹活。在河上、岸坡上，人們過著忙碌而豐富多彩的生活。潺潺的水聲，船與船之間的震顫聲，嬰兒的呀呀學語聲，以及大人們

No.13

喋喋不休的談話聲，使這兒的人們從不知道什麼是孤獨。因為河水的便利，船上的家家户户都非常潔淨，其整潔的程度像荷蘭人家裡一樣。只要他們願意，不用支付租稅，船户們就可以換一換他們的鄰居、住所，以及四周的環境。沒有人比他們更自然，更活躍，更自由自在，因為他們過著簡單樸素的生活。但他們並不覺得自己窘困，即使在貧窮困苦中，他們仍保持著自己的自由。

67

中國城鎮，沒有、沒有……

相對於水上生活，羅斯對中國城鎮生活的評價就不是那麼的有趣了。

城市的街道狹窄、彎曲、凹凸不平、骯髒不堪、臭氣熏天。在華北，街道上川流不息的是一些僅供載客用的硬板馬車，馬車實際上是由騾子拉著。而在那些種稻的地區，人們並不餵養騾子，所以，在這些地區的城市中，人們只好步行或以手推車代步。幾乎沒有維護城市公共交通的任何規定，所以，街道為個體商販佔據，幾乎不能通行。店主們在貨架前沒有櫃台，用籃子和簍子組成的貨攤排列在街道兩邊，帶著勞動用具的手工藝人充塞其間……。

城市中沒有公共用水。在那些位於河邊的城市中，未經處理的河水便是居民的公共用水。每天專門負責挑水的人（如圖）把河水分送到家家戶戶，從桶內潑出的水整日把通往河邊的石級打得濕漉漉的。當挑來的河水過於渾濁不能飲用時，人們一般用裝有明礬塊並帶有小孔的竹筒在水中攪

A water cart. - Ein Wasserwagen. - Porteur d'eau

No.14

拌幾下，使水慢慢澄清。

城市中沒有公共照明。入夜，街道上漆黑一片，陰森淒涼，行人絕跡。

城市的燃料極其匱乏……。

居民家中沒有煙囱……。

沒有用於公眾消遣的修理得整整齊齊的草地和花園……。

「由於擔心饑餓的威脅，人們爲了一點工資而不顧一切的耗盡生命」。對乘客而言，乘坐轎子可能是一件優雅愜意的事，但對於轎夫來說，情形又是怎麼樣呢？

羅斯曾經乘轎作了爲期一個月的長途旅行，期間，他以社會學家的如冰冷的聽診器的目光，考察了苦力們的工作和生活。

> 旅途中曾遇到持續八天的陰雨天氣，苦力們抬著轎，帶著我們的行李，他們沒有任何遮雨的東西，也沒有換洗的衣服，實在痛苦不堪。每天抬著七十至九十磅重的東西，迎著冷冷細雨，在高低不平的山路上，在湍急的河流中跋涉十二個小時，傍晚到達某一毫無歡樂、毫無溫暖的旅店時，他們已是精疲力竭。旅店中只有一個磚炕和一領爛蓆，沒有毯子，沒有木床，也沒有火供他們烘烤衣服或取暖。除了兩件濕漉漉的棉衣外，他們沒有其他衣服。晚餐時，苦力們只吃些米飯、豆腐或者空心麵。飯後，這些可憐的人們便蹲縮在爛蓆上，依偎在小煙燈旁，一邊滾動著黑黑的煙

No.15

團，一邊吞吐著濃濃的煙，漸漸地便解除了冰冷、痛苦、勞累的感覺……。

羅斯認爲，他們「都在自掘墳墓」，他的醫生朋友告訴他，這些「苦力很少能活到四十五歲或五十歲。轎夫只能幹八年，黃包車夫只能幹四年，因爲他們其他時間都在生病」。

漢口長江邊上的苦力

這座沒有汽車或役畜的百萬人口城市裡，即使是最為粗心的人也會在街頭發現搬運工人那過於緊張的明顯跡象：臉色蒼白、憔悴，表明精力完全被消耗掉了；眼睛痛苦地陷了下去，看不出一點有蓬勃向上的活力；下顎陷進去了，嘴大大地張著，證明太過於疲勞了。那些每天必須搬一百到二百英擔的工人，像小狗一樣奔跑，吹著口哨，咬緊牙關，失去光彩。這一切強烈表明生命同噴射出的動脈一樣在退化。在其他時間裡，搬運工經常像死屍一樣靠著或者下垂著頭，表明完全失去了生命力。幾年後，他們滿臉皺紋，猶如戴上一副僵硬的面具一樣；他們的小腿的靜脈像大繩子一樣突出，靜脈擴張使小腿變成了血紅色，令人害怕；他們的脖子後面或骨架下面出現了硬塊，這種蒼白色的厚厚硬塊布滿了雙肩。十至十二歲的兒童也不可避免地被迫成為這種搬運工。

然而，「中國廉價的勞動力令世界上所有的工廠主垂涎」。「在中華帝國的任何

CARTE POSTALE

Ce côté est exclusivement réservé à l'adresse

M

No.16

地方，只要有人願意提供（每日）八至十五美分的工價，他就能招收到許許多多自願出賣自己的體力而且素質不錯的勞工」。羅斯說：「那些身強力壯的苦力非常樂意給我們抬轎，他們每人半天的時間僅掙四美分……。」

通常解釋國家貧困的大多數理論，並不能用來解釋中國人的生存環境。由於中國是人類居住的最為富饒的中心地區之一，中國人並不是因土地貧乏而貧窮的。他們的處境並不是懶惰的結果，因為沒有一個民族比中國人更能夠承受繁重的、不間斷的勞動。問題也不在於中國人勞動中缺少智能，因為中國人在文化藝術和其他方面是以智慧和發明著稱的。他們也不是被鋪張浪費的惡習拖進了虛張聲勢攀比的深坑。的確，吸食鴉片和賭博毀滅了許多家庭，但是可以肯定說，他們即使無此惡習，其生活水平也遠遠低於西方……。

在羅斯看來，「要解釋中國大衆極端貧窮的原因，只有一種，那就是中國人都致力於同一種生活方式」。但是，在分析了衆多可能之後，羅斯似乎遺漏了，西方各國的強取豪奪也是中國大衆一貧如洗的原因之一。

於是，羅斯滿臉狐疑地望著「那種住在骯髒小房子的人這樣的動物」。

No.17

他們骯髒、貧窮、為鴉片所吞食；他們穿著粗布、褪色的藍色外衣，強迫女人束腳，讓小孩滿身污穢、赤足來回亂跑；他們沒有音樂、藝術、詩、崇拜，沒有組織良好的團體；小孩沒有惹人喜愛之處，女人沒有魅力，年輕人沒有力量；在這個極為黑暗的世界裡沒有討論，沒有政治，沒有體育活動……。

按照麥高溫教士的理解：

> 許多中國人在生活中往往都債台高築。這似乎已成為他們度過自己生命的一種自然而正常的狀態。他們在債務中出生，在債務中成長，上學離不開債務，結婚離不開債務，即使在生命的最後一刻，債務的陰影依然籠罩，最後伴隨他們離開這個世界。

儘管是如此的艱難，但終究還是要面對那無邊無際的日子，因此，在條件仍然許可的情況下，他們只能別無選擇地走進當鋪。麥高溫觀察到，「每個城市中還有許多資金有限的小當鋪，他們向極端貧窮的人提供數目很小的借款」，而這些窮人們可以典當的經常只是「幾件破舊的長袍，從而換走幾個銅板以度過難關」。

當一切可資抵押的物品，哪怕連最後一丁點不值錢的東西都典當一空時，如果還有什麼可以變賣的，那就是他的兒女了。

No.18

麥高溫教士曾親眼目睹一個悲傷的父親滿目淒然的賣掉自己兒子的情景。他說，在一所非常漂亮寬敞的大房子裡，男孩緊緊靠著他的父親，一個男人正在爲他書寫賣身契，偶而還大聲念出來，但男孩似乎始終不明白他爲什麼會跟父親待在這裡，他不知道，「在那張紙上輕輕滑動的筆正在鍛造將其賣給一個有錢人家的腳鐐，這支筆同時斬斷了他與父母親之間那種神聖的血緣紐帶」。

最後，他的父親在這張紙上畫押，完成了這筆不義的交易。他拿著相當於七英鎊的銅錢離開時，對男孩說，他只是去一去，一會兒就回來接他。當然，他再也不會回來了。「這絕不是我信口編出來的故事，而是現實生活中的一幕。」麥高溫說。

明恩溥（Arthur Henderson Smith），美國公理會傳教士，1872年來華，曾先後在天津、山東龐莊等地傳教，並兼任《字林西報》（*North China Daily News*，英國在上海創辦的英文報紙，1864年創刊，1951年停刊）特派記者。1905年辭教職後，明恩溥返美，向當時的美國總統西奧多・羅斯福當面提議，退還中國庚子賠款以興辦教育，經美國國會審議，決定退還償付美國的半數賠款，以為遣送留學生赴美之用，並成立清華學堂。

明恩溥返回中國後，長久定居在距北京不遠的通州，專事寫作，直到1936年以八十八歲高齡辭世。他在《字林西報》中發表的大量文章先後結集成書，包括《中國人的特性》（1890）、《中國鄉村生活》（1899）及《今日之中國與美國》等等，都曾經多次再版，並被譯成德、日、法等多種文字。

據說，魯迅對明恩溥的作品十分推崇，他對中國人劣根性的批評，曾直接或間接地受到明恩溥影響，甚至在臨終前不久還惦記著，「並囑託後人盡早翻譯出來」。

No.19

明恩溥認爲，「中國從來沒有像今天這樣在世界思潮中被廣泛議論，也沒有明顯的可能性表明，這個帝國在二十世紀開端將不更加受到人們的關注」。

十九世紀中葉，英國《泰晤士報》駐華特派員喬治·庫克（George W. Cooke）在他的一本有關中國的著作中這麼寫著：「再也找不出比此更有吸引力的課題了。一旦深入其中，你便盡可以放心大膽地作出巧妙的假設、深刻的概括和自信的獨斷，試問還有哪一個課題能像它這樣爲你提供如此廣闊的餘地，使你盡情地縱橫馳騁呢？」

當久久地閉關鎖國的古老帝國被一絲一縷的強行褪去身上的遮掩而赤裸裸地、羞辱地曝露著和展示著自己的軀體時，西方文明正以各種學科的方法粗暴地檢視著她的所有細節，用各種角度和觀點在既有的傳播工具中熱烈地討論著，而滿足著。然而，若要以「一個標準來概括中國人的特性是根本不可能的」。

明恩溥說，要觀察一個房子裡正在發生什麼，一個上好的方法就是揭開它的屋頂。但這是不可能的。不過，「可以模仿中國人，將一個濕手指放在紙窗戶上，使得紙窗戶上留下一個小洞，通過這個小洞，至少能夠觀察到某些東西」。

但無論如何，「不管從哪個方面去看，對我們來說，中國人現在與將來都或多或少是一個謎」。因爲，「在某些基本的一致性當中，中國人的生活充滿了迷幻和費解的多樣性」。

沒有誰會樂意，自家的窗紙被捅破一個洞，洞上正平貼著一隻深不可測的眼睛，不管這隻眼睛是出於什麼目的。不幸的是，當人們發現這隻窺伺的眼睛時，竟無法掄起棍棒只是將他驅離。窺伺者不是不敢揭開房頂，只是怕「干擾房子裡的人」的生活常態，從而影響考察的眞實性而已。諷刺的是，現在，我們竟只能通過這些窺伺而來的「祕密」，包括這些明信片和文字資料，去拼貼出百多年前的中國圖景。

當然，時間的距離，使我們可以站在遠處，就像事不關己似的，看著整個彷彿正在發生的細節和過程。就像我們正注視著眼前這張照片。

這張照片是在河北深縣拍攝的。這個位在河北、山東兩省交界的貧窮小縣，是當時教會活動極爲活躍的地區之一，許多初抵中國的傳教士都會來這裡見習並學習漢語。圖中的漢語教師同時也是一名教徒，外國人普遍認爲，只有在教徒的臉上，才看得到文明的光輝和中國的希望。

圖中當然不會有明恩溥，從拍攝的時間看來（二十世紀初），明恩溥如果不是正在白宮和羅斯福共餐，就是已經到通州了。

教堂裡的蓮花落

百年前的某一個冬天，在臨近中午時分，一名雙目失明的乞丐拎著他的胡琴來到河北深縣，可能只是爲了得到足夠塡飽肚子的午飯，在冬日裡溫暖的陽光下，他正站在一所教堂前爲傳教士們引吭歌唱。他的棉襖可能有點小了，所以在胸前接上一塊並不搭配的白布頭。或者是老舉著左手給人拉琴唱歌，這件極不合身的棉襖的左腋已經扯出一道難以補綴的缺口了。

從外表看來，這孩子也就八、九歲模樣，身後還圍著盛行於北方農村的「屁簾兒」。屁簾兒也叫「屁股褥子」，是專爲還穿著開襠褲的孩子設計的，怕孩子們隨地蹲坐弄髒了屁股，也能隔絕地面的寒氣。這孩子當然已經過了圍屁簾兒的年齡了，也許是擔心磨破了身上這條還不算破舊的棉褲，他刻意把屁簾兒分成兩瓣，再把它緊緊的拴在大腿上。

你看，他唱得多認眞啊。我們聽不到他在唱些什麼，但似乎仍能感受到，他那還沒變嗓的童聲正在高高的教堂裡迴盪。當然，我們更不會知道，以他的小小年

No.20

紀，是否能明白哽咽的胡琴聲所習於透露的蒼涼。

在外國人看來，「對乞丐進行研究非常有趣」而已，儘管「在我們的印象中，中國的乞丐算是這個國家中最悲慘的一類人了」。麥高溫說。

> 他們中的一些人靠演奏一些最為原始和不合諧的樂器來竭力使仁慈的人們給他們施捨幾個錢。這些樂器中有一種是只有一根弦的提琴，它也是靠單弦弓來演奏的。另一種是竹管樂器，在前三根手指的敲擊下，能夠發出咚咚咚的聲響。第三種樂器很簡單，它由兩塊平平的竹板構成，將這兩塊竹板相互敲擊，會發出一種極不和諧的聲音。聽眾之所以給這些演奏者一些施捨，僅僅是為了擺脫他們，而並不是因為這些音樂擁有很強的感染力，致使他們的靈魂受到觸擊，從而產生了博愛之心。

97

流浪藝人

和前面兩張照片一樣，這張照片也是在河北深縣拍攝的，是本世紀初出版於維也納的一套風景明信片的其中三張。

這套明信片全套十六張，以教堂及環繞教堂周邊的農村生活爲主題，從而構成一則脈絡清晰的圖片故事。可能出於維也納人的偏好吧，其中有多張呈現民間戲曲活動的圖片，由於貧窮農村的各方面條件制約，他們的取材範圍也只限於乞丐，或流浪藝人。事實上，即使是城市裡的大型演出，除了獵奇，並不會引起外國人多少興趣。

從房屋的建築式樣來看，這張照片明顯的是在教堂附屬建築的某個角落拍攝的，圖中四名聽衆應該是攝影者熟悉的教民，被刻意安排在說唱者四周圍以豐富畫面。

在古代中國，就算生活在太平盛世，一名賣唱的流浪藝人的生活遭遇和乞丐並沒有什麼差別。他們總是「坐在街邊，在可憐哀婉的曲調聲中靠路人的施捨苟且過

No.21

活」。而那些足以讓中國人歡樂、或哀傷的曲調，其實只是「令人難以忍受的音樂」，「對於西方人來說，這些演出絲毫沒有什麼吸引力，瞥一眼，就足以滿足好奇心了。」明恩溥說。

中國婦女的人生碾盤

百多年前的某一黃昏，一名深縣婦女正如常地在村裡推著碾子的時候，有個好奇的傳教士對她說，別著急，我只是照驢，讓牠別動。女人於是退了一步，並伸手扶著碾把，讓驢子乖乖的別動。然後，傳教士若無其事的按下快門。女人永遠不會知道，她和她的驢的形容相貌已經被郵寄到比她熟悉的王村或李集還要遠的地方，被製作成連她的男人都知不到的明信片(河北部分地區習慣把「不知道」說成「知不到」)。

百多年後的今天，在華北農村，這仍是俯拾皆是的景象，婦女們還是那麼忙碌而疲憊不堪，她們的一天、一年或一生，似乎也就被化約爲這方轉不出頭的碾盤。明恩溥說：

> 中國婦女除了要照顧大家庭之外，還要承擔繁重的勞動，她們要幫助收莊稼，以及幹其他一些戶外苦活，而生養眾多的孩子又耗費了她們的大量體能……。

No.22

當孩子很小時，她得日夜照看他們，尤其不能輕易讓他們露面，以免打擾祖母的安靜和休息。她還要用一口鍋為一大家子人準備著食物，這是一種無休止且極繁重的工作。所有的衣服、鞋子都靠手工縫製，褥子、被子和棉襖要不時拆開清洗，然後再重新縫上。

媳婦和姑娘白天要輪流看護果園或瓜地，有時晚上也看。麥收季節一到，家裡所有能動的婦女都到地裡幫助收割。秋收時她們是打穀場上的主力，她們的一群群孩子則緊跟在左右幫忙。種棉花時，她們大部分時間都花在地裡，有時還靠幫別人收棉花掙一小點錢。

為了製作那些必不可少的備用棉織物，中國婦女的手總也不得閒，從採摘棉花——這是一種極費力的工作，因為棉桿長得很低——到製成布料，最後變成了做鞋底的材料，軋棉、清棉、分離纖維、紡線、纏線、上漿，特別是織布都是極費力且乏味的活計。可只要人活著，這些勞作就不會休止。

天涯歌女

1914年2月，這張明信片被從上海寄往捷克斯洛伐克，沒有到達戳，所以我們也就無從得知它曾在海上旅行了多少時候，當然，語言的限制也使我們很難輕易的明白寄件人到底都寫了些什麼，不過沒有關係，寄件人纖秀的字跡足夠讓我們把文字當作圖像來閱讀了。雖然我們對它的解讀可能僅僅只是一些無謂的形容詞而已。因此，這也就見仁見智了。

這張明信片是一家日本商社在上海出版的。由於中國仕女明信片在當時很受西方人士喜愛，可能是一時找不到合適的中國模特兒，或者另有別的考慮，日本出版商經常用日本女孩喬裝打扮成中國姑娘來攝製明信片，以此魚目混珠。圖中這位被註明「上海歌女」的女孩，應該不會是日本人，從梳頭可以看得出來，而且，至少她能夠自自在在的坐在椅子上。儘管在面對鏡頭時她仍顯得有點緊張，右手緊緊拽著手絹。

幾乎每一位旅行者的「中國遊記」都會用大量的篇幅來討論中國的婦女問題，

POST CARD

Address

Slečna
Milada Vejchodská
Plzeň
Husova ul.

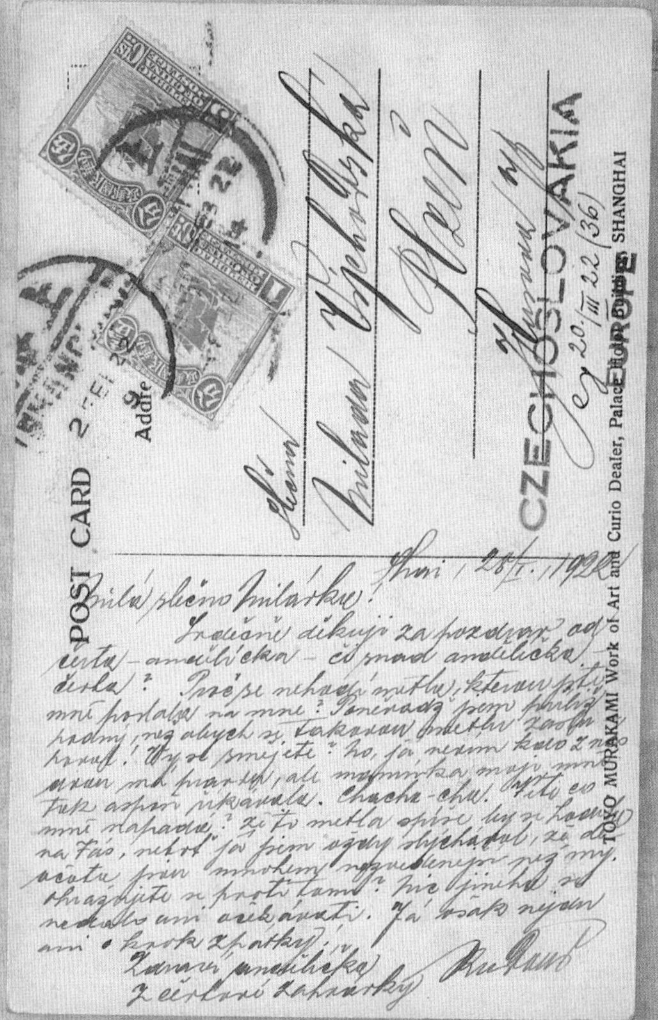

CZECHOSLOVAKIA
EUROPE

20./III 22 (36)

Milá slečno Milárko!

TOYO MURAKAMI Work of Art and Curio Dealer, Palace Hotel Building, SHANGHAI

No.23

包括性別歧視、包辦婚姻、買賣婦女、裹小腳和繁瑣的勞動等等。羅斯以社會學的觀點分析了使女人失去魅力的衆多原因，而這些原因也同時造成衆多中國婦女不幸的命運。在一些受到良好教育的中國婦女身上，羅斯看見了，「她們的臉上充滿了各種表情，和世界上任何地方的女人的臉色一樣嫵媚」。他認爲：

> 將來所修建的鐵路、所開採的礦業和所興起的貿易，均不能與中國女性這一「未開發的資源」給人們所帶來的幸福相比。所有這些甚至不及因中國女性潛能的發揮給中國人所帶來的幸福的一半。

但是，就在羅斯先生正興奮不已地講述著中國婦女的潛能，而立德夫人正爲著「天足會」四處演講的不久之前，明恩溥在翻閱天津《中國時報》時，發現了這麼一則新聞：

> 目前發生了一樁慘案：一群未婚少女跳進珠江結束了自己的生命，原

因是其中一個女孩被父母逼著結婚。她在參加「姊妹會」之前，年紀很小就訂婚了。當她的父母為她做好結婚的一切準備時，她把這件事告訴了「姊妹會」的其他成員。她們表示，如果她遵守保持獨身和貞潔的誓言，她們就同意立刻為她而死。

於是，她和另外八個姊妹相約在婚禮的前一天晚上聯袂投江，但在家人的嚴密看管下她竟未能成行，情急之中，她匆匆吞下一枚金戒子想以此結束生命，不料，一服催吐劑又把她救了回來，第二天一早，還是被押上了花轎。三天後，回娘家的日子到了，

趁這當口她計畫逃到姊妹們那裡去。通過賄賂婢女，藉著夜色她得以成功地逃到姊妹們那裡，姊妹們立即和她一起跳進湍急的珠江，立刻就被波浪捲走了。

據說，「此類悲劇在這個地區發生得相當頻繁，官方不時地採取行動以圖控制此類姊妹會的形成，但他們所有的努力均屬徒勞」。

可愛的女仕

這張照片的前一位收藏者是一名奧地利人，他告訴我，它確切的拍攝時間是1874年，我問他爲什麼，他說是它的前一位收藏者告訴他的，其他背景他就不清楚了，但他可以完全確定的是，這是一位charming young lady。

從圖像構成的各個跡象看來，這應該是在香港或上海拍攝的，在攝影者細心的導演下，這位「可愛的女仕」側身坐在西式座椅上，蹺著腿，藉以展示她一頭誇張的髮式、一身華麗的衣著和一雙傲人的天足。可能是長時間曝光使她的表情稍稍顯得木然，但仍不失穩定和自信。就這樣，一秒、兩秒……她耐心地使全身肌肉保持靜止和放鬆，同時摒息以待，讓神祕的鹵化銀藥膜悄悄地把她的青春、美麗和那個由她們引領風騷的時代永遠的凝固下來。

在上海，一次冠蓋雲集的「天足會」募款集會上，立德夫人聽到許多歐洲貴婦們正竊竊私語著與會中國婦女的體態和裝扮。她聽到一位女士問說：「這滿屋子盛裝的中國婦女打扮得是不是比英國女士強？」一位英國海軍上將夫人（她是這個圈

No.24

子裡的服飾專家）忿忿不平的說：「我看未必，我們穿的是便服，她們精心打扮過。穿上禮服，佩上珠寶首飾，我們不會比她們差。」

儘管如此，在這樣的一個集會上，人們關心的話題仍然離不開女人的美麗，無論是中國婦女的「裹腳」，還是西方婦女的「束腰」，都是爲了得到足以取悅男人的美麗。不同的是，「哪個問題比較嚴重」？

羅斯說：「事實在於，美國人緊緊的束腰，在那些時髦女性中只佔十分之一，而中國十分之九的女性都裹腳。而且，美國人緊緊的束腰是自願的，而中國人的裹腳則是對無助的兒童的迫害。」

俗話說：裹腳一雙，流淚一桶。從五歲到七歲，大多數中國女孩都必須經歷三年裹腳的殘酷歲月。立德夫人告訴我們：

在這束腳的三年裡，中國女孩的童年是最悲慘的。她們沒有歡笑，失去了像英國小女孩一樣的玫瑰色臉頰。可憐啊！這些小女孩重重地靠在一根比她們自己還高的拐棍上，或是趴在大人的背上，或者坐著，悲傷地哭泣。她們的眼睛下面有幾道深深的黑線，臉龐上有一種特別奇怪的只有與束腳聯繫起來才能看到的慘白。她們的母親通常在床邊放著一根長竹竿，用這竹竿幫助站立起來，並用來抽打日夜哭叫使家人煩惱的女兒：但是把女兒放在外屋睡覺是少見的。女兒得到的唯一解脱要麼吸食鴉片，要麼把雙腳吊在小木床邊上以停止血液循環。

中國女孩在束腳過程中是九死一生……。

可能是出於自卑吧！或者是封建禮教的束縛。在一些必須出席的公衆場合中，甚至照相機鏡頭前，中國婦女總是用長長的裙襬遮蓋她那羞怯的小腳。和吸鴉片、砍頭、辮子……一樣，中國婦女的小腳也是每位來華旅行者必須遊覽的風景，但由於她們的矜持，使洋人們好奇的目光甚至連弓鞋都接觸不到。圖中這名意興風發的

女子無疑是幸運的，無論她出身如何？或歸宿如何？至少，她不曾經受纏足之苦，而敢於自信地蹺起傲人的天足，使她那儘管瘦小的身量，也能透著嬌橫的蠻氣。

把男權擴張到腳底

和前張照片一樣，我們也只能知道它確切的拍攝時間：1870年，別的就一無所知了。

據一位攝影者描述，當時中國婦女拍攝肖像時總是少不了兩樣道具：一本書和一盆鮮花。此外，底片沖出後一定要修片，把臉部在最大程度上修白。這種「曝光過度」的效果，消滅了所有細節和光影，使眼睛和鼻孔在雪白的臉盤上只剩下兩個小小的黑點，和兩個更小的黑點。我想，這一切應該還是取決於攝影者，如果他在燈光的配置上能夠講究一點，沖片過程嚴謹一點，結果大致不會像堆出來的「雪人」一樣。

中國婦女的審美追求無意間爲我們提供了更多閱讀圖片的符碼，你看，茶几上那棵天南星科植物不就告訴我們，這是溫暖濕潤的南方。再用簡單的歷史常識即可判斷出，這裡可能是廈門、澳門或廣州。然後看看家具。茶几沒有什麼地方特色，所以不足爲據，倒是那張（可能是）雙人座紅木太師椅，這種變形的清式家具當時

No.25

只時興於廣州，再加上這位女士的衣著相貌，我們大抵可以推論這張照片最大可能的攝於廣州。

這樣的推論有意義嗎？

或許吧！它正是爲這些由於年代久遠而行將流於刻板的圖像尋找意義的過程。

相形之下，這位女子顯得嫻靜而端莊，沒有絲毫的刁蠻之氣，在傳統的封建禮俗中，這應該是相夫教子的良好模樣。

然而，在一個西方人看來，「對於一個女孩、新娘、妻子來說，心靈上所受到的壓制和她裹腳一樣殘酷」。中國「男人自私地統治著他的女人」，「保持內部和諧的自我犧牲和忍氣吞聲卻是由妻子來承擔」。

羅斯曾經詢問一位正致力「興復儒學」的士紳，爲什麼中國婦女沒有受教育的權利。這位士紳回答說：「眞正準確的原因在於她們受到教育後就難以控制。」

明恩溥的看法是：「中國人認爲教女兒讀書就像是把自家的種子撒在別人的地裡，更像是把一條金鏈子拴在別人家的狗脖子上……。」

至於裹腳的問題，立德夫人曾爲天足會的事請求李鴻章幫忙，李鴻章大方的捐獻了一百個大洋，但對於「反對裹足」這件事，他的看法則是：「你想讓我叫全國的女人都不裹腳？不，我沒有那麼大的權力。你知道，如果你讓婦女都不裹腳，她們會變得很強壯，男人已經很強壯了，他們會推翻朝廷的。」最後，李鴻章有點得意的對她說：「我告訴你，有個人過去沒有，將來也不會裹腳，我的小女兒。」

鴉片作爲一種刑具

「但是男人的自大受到了自然的懲罰。」羅斯認爲：「吸食鴉片和賭博這兩種有害於人類的討厭東西是中國上流社會的惡習。這是因爲他們生活的空虛，也是對他們強迫婦女『安份守己』的懲罰。」

上海法國總領事館對面有條狹窄的街道，「在法國人的特別保護下，這裡有很大的鴉片煙館」，看著裡面正在接受「懲罰」的中國煙民，立德夫人萬分感慨地說：「這個地方毀掉的中國人比其他任何一個地方都要多。」

如果說，「纏足」是中國男人強加於中國婦女的「鴉片」的話，那麼，鴉片無疑是列強各國強加於中國的纏足。立德夫人似乎不太明白，鴉片貿易其實是英國對華貿易的主要內容，僅1907年一年，就有五萬一千箱、總重三千四百噸的鴉片由印度輸入中國。你能想像纏足給予一個女人的痛苦嗎？同樣的，你也能想像鴉片給一個民族造成的災難。

Canton - Fumatori d'oppio

No.26

令人百思不解的是，英國政府充分認識鴉片的罪惡而嚴禁本國人民吸食；英國下議院也一致認爲鴉片貿易是一種不道德的貿易，從而使1910年10月24日《天津條約》簽訂五十週年這一天成爲英國的「國恥日」。但是，這一切罪惡和不道德卻仍然派生著龐大的利益而被源源輸入中國，中國煙民在罪惡的鴉片氤氳中醉生夢死的頹敗形骸竟也是來華旅行者務必一睹爲快的奇妙風景。

你看，這五個煙民在攝影者的精心調度下顯得多麼優雅，他們的浪漫神情輕易地讓我們聯想起某幾個著名的洋煙廣告，或飲料廣告。湊巧的是，這張出版於義大利的明信片，恰好是當時一家叫作“SAPOL” 公司的廣告明信片。

這張照片拍攝於廣州。本世紀九〇年代在距離鴉片戰爭已遙遙一百五十年之後，廣州市配合全國掃毒行動正發起另一次「鴉片戰爭」。但是，歷史卻向中國人開了個大玩笑。當年林則徐銷煙的虎門成了走私毒品最集中的地區，而抵抗英軍最激烈的廣州三元里卻是毒梟們蝟集之地。

關於吃

明恩溥說：

> 現今的中國民眾毫不關心那些微言大義，他們關注的只是一個字：吃。無論何時何地，在聽到中國人片段的談話後，如果梳理一個其迷亂不清的內容，那麼，你便會發現，他們所談論的中心意思不是吃，就是錢……。

關於中國人「談錢」，立德夫人有著頗爲有趣的理解，她說：

> 人們說：中國人不關心別的，只關心錢；中國人不討論別的，只討論錢。這能解釋一切嗎？到現在為止，我還無法看出，除了錢之外，歐洲人還想從中國人那裡得到些什麼。那些被派去教導中國人「愛錢是萬惡之源」的傳教士，看來也大多沾染上了對錢的嗜好。

關於「吃」，羅斯的理解也頗爲深刻，他認爲，「對於平民百姓來說，是肚子而不是口味決定他們想吃些什麼」，但是，中國的烹飪技巧仍然是「世界上的奇蹟之一」。

Shanghai,

28 October 1900

Danke bestens für Deine Zeilen sowie Ansichtskarte.

Dunque a rivederci martedi!

Emilie.

Chinese Dinner

HIRSBRUNNER & Co SHANGHAI

No.27

他所謂的「奇蹟」，可能包含著讚美以外的另一層意義：沒毛的吃到石頭，有毛的吃到簑衣。他說，當時的香港總督為研究一家製革廠設立的可能，曾調查豬隻屠宰後豬皮的處理方式，結果發現，所有豬皮都已經被製作成廉價可口的食品，向船員出售。他也曾一度下令滅絕九龍地區的野狗，但是，這幾乎冒犯了居民的食慾。

明恩溥的看法是：

在吃的方面，我們都會毫不猶豫地承認，中國文明遠遠超過我們西方文明……。

也許，我們常常在不經意之中，就表露出自己對於一群中國人坐下來赴宴所表現出的那種真正的愜意的嫉妒……。

依我們看，其實在所有的客人圍攏到「八仙桌」旁，高高地舉起手中的筷子又同時打住的那一莊嚴的時刻，這種情趣就已得到暢快淋漓的體現。宴請的主人則極為開心，滿面春風地招呼眾人，「來，來，來」，於是乎他們的極大快感享受便也開始了……。

我要指出的是，是中國人而不是我們西方人，更接近於理想的生活狀況。

如果說中國人知道如何吃、喝，那麼他們也深深懂得如何配製他們的食物，當然，親愛的讀者們，筆者並不是說你會喜歡上中國人的烹調術，本人同樣不喜歡。

「你認爲中國人的智力與西方人的智力相同嗎？」

羅斯曾經就這個問題先後與四十三位「對中國人的思想有較準確認識的人」進行討論，結果，「除了五人外，都作了肯定的回答」。其中，一位擔任過傳教士、大學校長、使館顧問，並具有豐富的閱歷和經驗的學者，提出了讓羅斯「感到異常震驚」的答案。這位學者說：「我們中的大多數人在中國已有二十五年，甚至更長時間的經歷，我們漸漸認識到黃種人才是正常的人，而白種人只不過是畸型發展的動物而已。」

這個說法引起羅斯深思，他認爲，「由於長期居住在中國的緣故，許多白人的觀點已非常接近中國人的看法，以致……」。比如羅伯特．赫德，已經「像一個地地道道的中國人了。……他們似乎漸漸地被中國文明同化了」。

在那些有修養的中國人身上，他們看到了這樣的優點：中國人看問題

No.28

的方法較西方人的方法更全面，中國人有著更寬闊的心胸，他們鎮靜而達觀的忍耐力往往使那些熱切而魯莽的西方人感到無地自容。

這是兩名眉清目秀的教徒。雖然中國人具有與白人等量齊觀的優良品質，但眼前的事實卻仍舊是貧窮、愚昧、落後而任人宰制。明恩溥認爲，只有基督教才能挽救中國，他說：「基督教將使一個中國人成爲一個新人，一個具有新的見識和新的眼界的人，基督教將還給他已經失落的靈魂，爲他全面地注入新的生命力。」

羅斯則認爲：「中國貧窮落後的主要原因僅僅在於有限的土地上養活了過多的人口。」在通過種種措施使人口的增長得到控制之後，

假如中國人有幸經歷一個持續、穩定的社會發展階段，而且這一階段不至於被任何歷史的反動、外族統治及內亂所打斷，至多需要兩代人的時間，中國普通百姓的生活水平就會與美國平民的生活水平不相上下。

然而，中國人畢竟沒有這麼幸運。如果按照目前大陸的普遍說法，中國是在1979年以後才進入穩定發展階段，那麼，在本世紀的前八十年裡，中國從未擺脫羅斯所說的「歷史的反動、外族統治和內亂」，而過去一百年間，人口竟翻了三番。

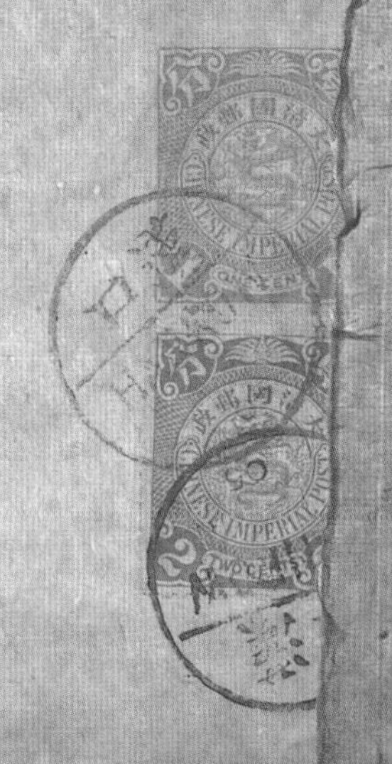

中國人是如此的認命而知足，「他們從來都未曾抱怨過世上的分配不公，而且只要有一些休息的機會，便感到滿足，心情便會變得十分暢快，而在收到他們辛勤勞動換得的一點點可憐的報酬時，則更是無比高興，喜悅之情溢於言表」。

明恩溥認識一名受雇於外國人的獨輪車夫，在這名車夫身上，他發現了中國人樂天知命的秉性。

推著沉重的手推車，經常連續奔波數月之久。為了趕路，他必須起早貪黑，推著載有沉重物品的獨輪車，穿行於崎嶇陡峭的山路上，一年四季，不論春夏秋冬，也不管雨雪風雹，都是赤腳跋涉刺骨的河水，每走完一段，都得給主人準備食宿。經過所有的艱辛、勞累之後，僅能得到極為有限的一點報酬，但是他從來也不抱怨，這樣堅持服務了幾年，最後，他的主人證明說，這麼多年，他從來也未曾看到過他的僕人發過一次脾氣！

Ambulate kitchin. - Fahrendes Restaurant. - Restaurant Ambulant

No.29

這種獨輪車在全國各地都十分普遍，特別在華北地區，是農民、小買賣人和搬運工最簡便的運輸工具。它也可以用來載客拉人，在節慶的日子裡，人們總是用它推著小腳老太太或姑娘媳婦趕集趕廟會。

在北京，人們管這種車叫「一輪明月」，它的貨架一般安裝在巨大的車輪兩側，適合載客和搬運重物。還有一種「平板」的車輪較小，如圖中所示，那些賣菜的，賣乾鮮果品、豆汁麻豆腐、盆糕切糕羊頭肉的，都是推著這種平板獨輪車走街串巷地吆喝著。明恩溥長期居住在北京東郊的通州，應該能熟悉這一景象。

冰窖

北京德勝門外有條胡同，叫「冰窖口胡同」。明朝萬曆年間，朝廷在這裡修建了八座「官窖」，以貯存冬季採自河中的冰塊供皇家在夏季消暑之用。從此，這個地方就被叫作「冰窖口」，直到現在。

清朝晚期，可能是法度不再那麼嚴苛，民間私營「商窖」曾廣爲設立，圖中所見，應該就是一處新開張的商窖，那扇只用於商鋪或庫房的柵欄式大門甚至還沒上漆，而牆腳下那棵初開的桃花（或梅花）則表明了這或許仍是乍暖還寒的春季。

春季是冰窖的淡季。爲配合攝影者的拍攝，兩名長工（冰窖只在旺季雇用短工）特地從窖底拉出冰塊，裝在獨輪車上，並根據攝影者的要求擺好姿勢。這時候，來了一個賣烙餅的，他被安排在畫面左側，手中握著菜刀作出切烙餅的姿態。旁邊吃烙餅的那個人可能是冰窖管事的，左手捏著咬了一口的烙餅，只含在嘴裡沒敢多嚼，還兩眼凝神的等著攝影者按下快門。

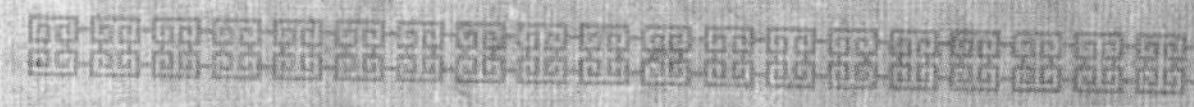

Peking, Wheel-barrow

No.30

可能是爲求逼眞吧！攝影者讓推車的那名長工光著膀子，然後再看看觀景器，又覺得好像缺了點什麼，就把另一名長工叫來，讓他站在獨輪車前做個樣子。最後，才終於滿意地按下快門，而後來的這名長工竟沒顧得上脫下那件不太搭調的厚重棉襖。

冬季裡，長工們的主要工作就是打冰。對這個行業來說，冰塊這東西「賣了是錢，化了是水」，採自河中的冰塊不能見陽光，容易溶化，因此，長工們只能在一天中最冷的後半夜把封凍於河中的堅冰一塊塊的採打下來，並在日出之前全部入窖，越是風雪天越是不能歇息。

據一位曾經在冰窨工作過的北京老人說，這是個重體力活，長工的生活十分艱苦，常年以玉米麵爲主食，所以被叫作「窩頭買賣」。「當立夏至中秋旺季時，忙活，勞動量大，才調換白麵吃三個月」。至於冰窨業主，只需動用一下他既有的社會關係或利用自己手中的權力，以極低的價格或根本不需代價的向官方承租一段河面，通過冰窖工人的大量勞動，就可以在每一個銷售旺季中獲得豐厚的利潤。

明恩溥說：「中國社會貧富極其懸殊，少數富人富比公侯，大多數窮人則處於水深火熱之中，特定的一個地方，既有受過良好教育的達官顯貴，也有愚昧無知的下層賤民，兩者形成鮮明的對照。」

麥高溫的印象是：「中國的富裕階層對窮人極其殘酷，這一點連英國人都感到震驚。」

拉洋車的

中國第一部人力車目前陳列在北京頤和園內，據說是慈禧太后的御用座車，車身通體金黃，配有黃龍緞子坐墊，方型車廂寬敞而舒適。由於當時的車輪子是用生鐵鑄成的，沒有安上內外輪胎，所以被稱作「鐵皮車」。圖中所見，就是兩部盛行於清朝晚期的鐵皮車，北京人叫作「洋車」，上海人則稱之為「黃包車」。大約是民國以後，鐵輪子才紛紛改裝輪胎，這樣，跑起來就更輕便了。據說，袁世凱稱帝的時候，還特別在中南海成立了一支御用車隊，隊長名叫任永和，他的兒子、孫子也都是拉洋車的。

八〇年代初，任永和的孫子任有德已經是個古稀老人了，他對來訪的文獻編輯者說：

> 我家三代人都是拉洋車的，從北京有洋車時起，我祖父就拉車。我祖父還沒歇腳，我父親又在祖父拉幫之下拉了車。我剛十六歲也拉了車……。

No.31

那時是每兩個人一部車，出車的時候，一個人在前邊架把，一個人在後面推車，安全穩妥……。

我壯年時期，因為個兒高腿長，身強力大，又有一二十年拉車的經驗，跑起來腰穩，步準，音響低，車把不忽上忽下亂顫悠，遇上緊急煞車，說站住，不論跑得多麼快，也能三步兩步就停住，坐車的人感覺安全舒服……。

我在壯年時候，拼著命地拉車賺錢，好不容易自己買到了一輛車，娶妻生子，過上了能夠糊口的小日子。有一年夏天，我拉了一趟路程比較遠的座兒以後，由於出汗過多，口渴得厲害，就在路旁的水井中汲些冷水，咕嘟咕嘟地一口氣喝了個飽。哪想到水不乾淨，我喝了以後就腹瀉，後來轉為傷寒。因為沒錢，上不起大醫院，險些送了命。一場大病，把我這個身強力壯的小伙子，折磨成骨瘦如柴的病漢子。這一病不打緊，家裡沒人拉車，失掉了經濟來源。萬不得已，我只好賣了車，接著又向人借錢，變賣衣物。到後來，當賣一空，無以為生，我愛人便糊洋火盒、做針線活，連四五歲的孩子也趴在垃圾堆裡揀煤核兒，這樣勉強維持一家的生活。一直捱了四五個月，我才算掙扎著又拉上了車，湊合著一天賺點兒窩頭錢，對付著過日子。

說著說著，任有德想起了他早年的一個朋友，「因爲體力頂不住，拉著車跑到西長安街六部口，一個跟頭摔倒在地，就再也沒有起來了」。

霍塞（Enest O. Hanser）說，當時乘坐人力車的外國人手裡總握著一根棍子（或手杖），車夫跑得飛快，「每小時竟有六七哩的速度。坐客倘若要向左轉彎，只須用棍子觸觸車夫背部的左一邊，或用腳跌一下子」。有些外國人不知道怎麼叫車夫停車，「常用腳去跌車夫的背部，其結果是車夫必反而跑得更加快一些，車子停下來之後，車夫總是跑得滿頭大汗，氣喘不休」。

當時，北京有幾個出了名的車夫，像一溜煙、花褲腰和跑起來又快又顯眼的「伊犁馬」。據說，伊犁馬自己買了車以後，給一名英國買辦拉包月，當人們正羨慕他幸運的攬上洋買賣時，他卻在這樣的一次長途快跑中當場嗆血身亡。

147

車口

拉人力車不用拜師學藝，但其中的一些竅門，也不是輕易就能掌握得了的。當年我開始學拉車的時候，最初撐不住車把，拿不穩勁兒，跑起來深一腳淺一腳，跑上一兩天，腳脖子發青，發紫，腫得老粗，兩條腿顯得沉沉的，周身疲倦。這就要休息三五天，然後再練。直到兩隻腳消了腫，兩手能抓住車把，逐漸掌握了車的慣性，才敢出去攬座講生意。至於北京內城、外城、關廂、大小胡同的所在，以及討價還價的竅門，那得需要較長的時間才能熟悉。

「車口」是洋車夫等座候客、休息聊天的地方，圖中看到的，應該是個「小車口」，只停著三五輛車臨街攬客。和現在的出租車一樣，在那些人行稠密的商業區、車站或旅館飯店附近，總有大量的洋車聚集成「大車口」。任有德說：「大車口車多的地方不分車次，全憑車夫心靈口快爭客座。常在同一個車口攬客的車夫，雖然不像東交民巷、各大飯店那樣有組織的挨號出車，但也有禮讓的成規，不至於因爭搶

No.32

客座而發生口角。……車價由五分錢講起，多則到三五角錢不等。一個人力車夫從早到晚，弄好了賺個塊兒八角錢，趕上不順當，也許一天也拉不出車份子（交車行的租金）錢來。」

上海的情況和北京差不多。「每一輛黃包車每天分三班人拉，一班需交一班的車租。每一班的車租至少要好幾角錢，有時他們拉了一班，除了付車租之外，連飯錢都落不到，有時則連租錢都付不出。」霍塞說。

霍塞認爲：「黃包車夫的收入和活命所需的中間，絕不能容絲毫的剝削。」但是，當「車夫眞正付不出車租時，便有放印子錢的拿錢借給他們。只消幾次借過這種印子錢之後，這車夫便永遠沒有還清這筆債務的日子了」。

黃包車夫一有債務，便時常會沒有飯吃，結果是做了癟三，餓死在弄堂裡邊，所以上海各處弄堂裡邊的路倒屍每年常有一二萬具之多。

151

大車口

這是北京正陽門火車站，座落於正陽門外東側、城牆與護城河之間的狹長地帶，北寧鐵路（北京至瀋陽）南端起點，是庚子事變後慈禧對外獻媚實施「新政」的產物，由清廷向外貸款，英國負責修建並經營的鐵路。

車站緊臨前門大柵欄商業區和八大胡同紅燈區，前門內東側是東交民巷，往北不遠就是北京飯店。按理說，車站停車場一帶，應該就是任有德所說的「大車口」了。但是，平常車輛上大柵欄、八大胡同攬客從來沒有什麼限制，在東交民巷、北京飯店等等外國客座較多的地方卻不是那麼簡單。

任有德說：

> 這些地方的車都比較乾淨講究，拉車的人也是身強力壯、穿戴乾淨俐落的人。一般講究穿長袖白小褂，黑的或藍的布褲子，褲筒特別肥，腳腕子繫著細腿帶，腳穿雙臉千層底黑布鞋。

No.33

東交民巷範圍內的人力車，每月要上交民巷牌照稅。這兒的人力車夫都要經人介紹，取鋪保、交照片。其他人力車夫不能在這裡兜攬生意。

早年，我父親和我叔叔都是託人情、走門路、送禮花錢，才得到許可在北京飯店門口拉車的。

儘管如此，在這些地方拉車，終究是令人羨慕的好差事，雖然「有時一兩天或三五天不開張」，但經常是「跑一趟得的車錢，要比普通拉客座多幾倍」。

任有德記得清清楚楚，「民國5年，在北京飯店前和我祖父一起拉車的馬五，一次拉法國人去前門外廊房二條古玩店買……一下就得了六十多元的佣錢。民國7年，車伙耿禿子拉英國客人在前門外大柵欄瑞蚨祥綢緞莊買……。」

1937年以後，北京街面上的人力車逐漸被三輪車取代，到1949年全國解放，這種在北京大街小巷奔跑了半個多世紀的人力車，終於被人民政府完全取消。而圖中所見的正陽門火車站，也在十年後的大躍進中，連同北京城牆的拆除，大半被夷爲平地，現在，作爲「鐵路工人俱樂部」存在的，只是當年的南辦公室和候車室的一部分。

轎車

在外國人看來，北京的道路狀況是如此惡劣，「因此，這裡唯一的交通工具就是著名的北京騾車，這些騾車非常結實，方形、兩輪、有車篷。乘客盤腿坐在車篷裡面，車夫坐在車轅上。然而在這樣的騾車中搖晃顛簸簡直就是純粹的折磨。如果你不抓緊車篷裡面的扶手，我想，你的頭顱被甩出車外並非是件難事。」亨利・諾曼說。

北京人管這種騾車叫「轎車」，是人力車出現之前北京主要的交通工具，大約興起於嘉慶、道光年之後。

根據乘者的身分地位，有大鞍車和小鞍車的分別。所謂大鞍車，即鞍較普通轎車寬大，但製作簡簡潔大方，沒有過多的考究，是王公貴族、滿族命婦等皇親國戚的配用座車。至於小鞍車則沒有什麼限制，下層官員和平民百姓都可以乘用。

小鞍車用途廣泛，根據不同需求而有各種不同的式樣，它可以是貨車、客車、

No.34

如同公共汽車的敞車、公務車或甚紈袴子弟招貓鬥狗的「跑車」等等。和現在的情形差不多，那個時代的富家子弟除了一身油光水滑的衣著打扮之外，也總是把自己的跑車裝飾得華麗奇巧，再在大街上爭奇鬥勝，引人側目。

羅伯特・赫德也有一部配車。由於西方人不習慣盤腿而坐，赫德便別出心裁，「於車底開一洞，下嵌木箱，使腿下垂其中。一時京城內頗有仿效者」。

駕御一部轎車，一般需要二至三個人，「皆步行，兩人扶車桿，一人牽騾」。「三人步伐須一致，騾行迅則人亦隨之」。

> 御者皆著深藍色布大褂，長與膝齊，腰繫搭包，內著白色布小褂，翻兩白袖於外，寬幾半尺。夏日戴涼帽，綴極少而長的羽纓。走起來雖快如飛，而上身卻不動，只衫袖、帽纓隨步伐而飄揚⋯⋯。

在北京城中軸線東西兩翼，分別建有四座牌樓，東四在朝陽門內；西四在阜成門內，一直都是北京內城的繁華商業區。圖中呈現的場景，可能是西四。在我的印象中，右側那兩間低矮的鋪面房，十多年前還沒有被拆除。如果圖中的兩名車把式是往南奔向西單的話。

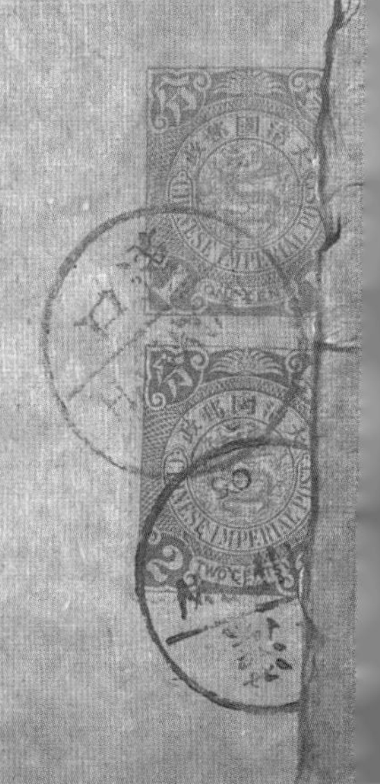

騾車聚集候客的地方也叫「車口」，但圖中所見的可能不是個車口。如果這是一所郊區寺院的話，看起來互不熟識的車把式們可能正各自等候著入廟燒香的「短盤」乘客。如果是城內寺院，香客們圖省錢，大約只會乘坐如公共汽車似的「趟子車」，而趟子車都是敞著的，沒有車篷。

短盤就是日租，以日計價，另外還得管酒管飯，一般婚喪嫁娶或外出訪友多租用短盤。如果時日較長而且穿州越府地走遠路的話，那叫作「長趟」。明恩溥曾多次往返天津、通州等地，應該租用過長趟騾車，以下是他所描述的夜宿車馬店的景象：

> 一個中國小客店裡的中國旅客，可以一邊用餐一邊享受伴隨著大隊人馬行進而引來的喧鬧，一旦囫圇吞下他的晚飯後，則又會不管周圍環境如何，馬上就呼呼入睡。而與他同行的西方遊客半個夜晚的時間都睜著雙眼躺在那裡，聽著六十頭騾子的咀嚼聲，只要神智清醒，還不時能聽出各種踢腿及嚎叫的聲音……。

No.35

羅斯的「中國西部之行」也是乘坐騾車，在他看來，「中國人喜歡的是溫馴的騾子而非馬，騾子只是慢慢地走或輕快小跑。騎在騾子上的士兵加速時，所產生的一種情景使眼睛得到放鬆」。事實上，騾子一點也不溫馴，相較之下，犟騾子比烈馬還要難伺候，而且，能耐越大的騾子往往脾氣越大。

1860年，英國軍隊攻打北京時，曾強令山東農民用騾車為其運輸軍火輜重，前進途中，農民紛紛伺機逃脫，竟使得英軍「陷入一籌莫展的境地，因為偌大軍隊中沒有一個人能制服中國牲口，驅使它們前進一步」。

車豁子

中國馬車是北方特有的，與其古代類型有較多相似之處。一般載客馬車在城市裡是一頭牲口拉著，在農村是兩頭牲口拉著。農村的馬車既可能用來運載貨物，也可能被大量地用於家務勞作。這種馬車的重量很難估計。我們曾經將這種馬車車輪放在台秤上秤量，發現一個車輪重一百七十七英磅，另外，輪軸重四十七磅……。

這裡所說的「馬車」，泛指所有以獸力牽引的車輪，在中國北方，騾子的使用則更為普遍。對於北方農民而言，騾子更實用，也更適合北方農村的生產與生活型態，但騾子的倔強脾氣卻不是任何人都可以輕易使喚。

明恩溥長居北方農村，因此，他所描述的那種個性古怪的牲口，應該就是騾子。他說：「每次拉車時，用鬆弛的繩子將其綁於車軸上。確實，如何讓這些牲口同時使勁地拉車，是一門學問。西方人難以想像，也不可能做到。」

No.36

166

圖中所見的騾車，是一輛雙套敞車，俗稱大車，是一種貨車，在現在的北京四郊仍時時可見，式樣也差不多，只是木頭輪子換成充氣輪胎而已。車把式的行爲習慣也差不多，百多年來都被叫作「車豁子」。

北京有句俗話說：車船店腳牙，無罪也該殺。這些車豁子們也是無罪該殺的一部分。據說，他們無所不偷，拉煤偷煤，拉米偷米；拉磚的時候給你摻上對拼的破磚（這種磚在廠是不要錢的），叫作「吃對頭」……。久而久之，這就成爲一種常例，直到現在，那些貨車司機還總是「偷手」。

騾馱轎

1900年8月，八國聯軍攻入北京的次日清晨，慈禧和光緒帝喬裝成漢民百姓，分乘兩輛從大街上雇來的騾車，由神武門往北出德勝門倉皇而逃。

一位隨行的宮女回憶說：「平日夏天裡，我們去頤和園常坐的車，叫大鞍車，非常講究。一律是紗帷子，四外透風……那一尺多長的軟綢子，犄角用短棍支起來，像女孩子留著瀏海……。」而眼下這兩輛車，「明眼人一看就知道，這是雇來的趟子車」。

眼前的轎車根本沒有車帳子，跨車轅的人就要整個挨日曬受雨淋了。車圍子、車帘子全是藍布做的，談不到通風的條件，裡面坐車的人會憋得難受的。

這時候，慈禧正一言不發的坐在車裡，「車裡頭奇熱，像蒸籠，歪脖太陽幾乎把人曬癟了」。就這樣，兩部騾車領頭前行，後頭跟著狼狽不堪的皇親國戚，一行逃亡隊伍踉踉蹌蹌的往北迤邐而行，在日落時分，進入昌平縣境的一座回民村落，西貫市村。當晚，就住在村內的一所破廟裡。

No.37

次日清晨，村裡人知道了這幫人的身分，特意送來了饅頭、鹹菜、小米粥，和三頂利於在崎嶇山路行走的「騾馱轎」。如圖所見。

這位隨行的宮女回憶說：

我無論如何也忘不掉這些新鮮事兒。這都是我沒經過和沒見過的。所謂騾馱轎並不是駱駝拉著的轎車，與駱駝一點關係也沒有。說確實一點兒，是騾子背上馱著的一種轎。只是不用人抬，是由兩匹騾子一前一後、在兩個騾子中間的背上搭成的一種轎。前面的騾子等於轅騾，是管掌握方向、擇選道路的，後面的一個叫跟騾，緊跟轅騾後面，不許脫節、保持穩定的。這兩個騾子都是老搭檔，訓練有素的。平常沒有馴練的騾子是不行的。這種馱轎，沒有畜拉轎車那種顛簸之苦，又比人力抬轎走的速度快，能上坡下坡走窄路，最巧妙的是，當頭騾拐彎的時候，轎下面有個圓盤，能隨著旋轉，叫轉盤，使馱轎保持平穩。騾馱轎在西北地方是大户人家的主要交通工具。西貫市街裡的大戶人家一氣奉獻給三乘騾轎，是很可觀的了：這要有六匹騾子，三個腳夫，當這兵馬荒亂的年景，總算是很豪氣的了。

老宮女說，慈禧當時很高興，「自離開宮裡以後，居然有人給奉獻東西了，怎能不讓她老人家欣慰呢」！但從後來的事情來看，她老人家其實並不是十分高興。

奉獻這三頂馱轎的大戶人家姓李，在京北要衝的西貫市開著一家鏢局，算是當地的頭面人物。慈禧回鑾後，想起那三頂馱轎的好處，便親授鏢局當家的爲新疆伊犁縣令。要知道，伊犁是個流放之地，不管是犯官還是罪民，流放伊犁等於比死只差一步而已。當然，誰也琢磨不透慈禧是什麼用心。或者她是這麼想的：看在你三頂馱轎，我也不虧待你，但是，反正你又放不下架子在跟前伺服我，連騾子都不給我牽，這麼著，到伊犁去吧。

給慈禧牽騾子的，是鏢局的一名趟子手，姓楊，慈禧封他爲「引路侯」。此後，他的鏢車上總插著一桿龍旗，上面寫著：引路侯貫市楊得青。

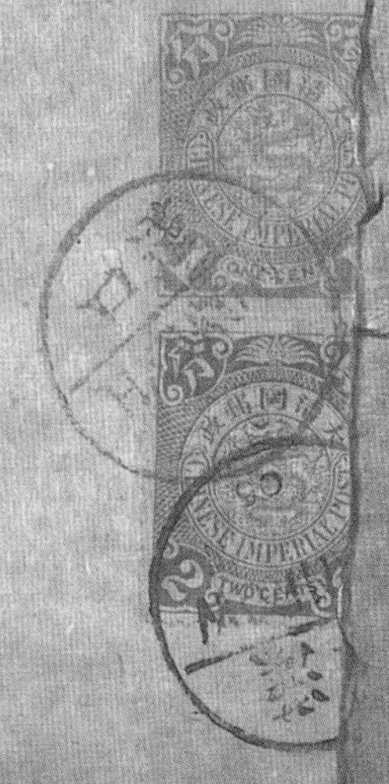

隨慈禧西狩的這名宮女漢姓何，滿姓赫舍里，十三歲進宮，在儲秀宮當差，專職爲慈禧敬煙。十八歲時由慈禧指婚，賜給李蓮英的乾兒子，一名專職爲光緒剃頭的劉姓太監。「婚後不到一年，她因思念老太后，請求回宮當差，得到慈禧的特殊恩准」。

辛丑年慈禧回鑾後，何宮女因年紀稍長，按宮裡的規矩，二十五歲前須離宮擇配，她因而再度離開宮裡。劉太監是個鴉片煙鬼，每日狂抽濫賭的，好像是民國以後就死了，何宮女從此獨自一人。抗戰勝利後，她在一戶熟識的人家幫傭，這些回憶就是在這段期間口述的，由她當時的雇主記錄整理。解放後，老宮女以年邁之身離開了這戶人家，從此不知所終。

那麼，這張在莫斯科出版的、拍攝於哈爾濱街頭的剃頭挑子明信片，和老宮女又有什麼關係？

Китаецъ - цирюльникъ

No.38

老宮女說：「我先跟您交待清楚，這些事都是我聽來的，不是親眼看到的，不要說我騙您，更不可尋根問底。我是怎麼聽到的就怎麼說。」

看起來這挑子平淡無奇，可當初清兵進關的時候，人們看見它就會毛骨悚然。

第一，那塊鋼刀布（鋼，在這裡念杠，動詞，把刀子來回在布上蹭，使刀刃鋒利）是一尺來長的水龍布，背面寫著十個大字，就是「留頭弗留髮，留髮弗留頭」。據說這是當時皇帝給下的詔書，讓所有的剃頭挑子都掛上，剃頭匠有權強迫漢民剃頭，如果不剃，殺頭問罪。剃頭匠的權力就這樣大，可以說剃頭匠掌握生殺大權。

第二是剃頭挑子上的鉤子，比平常的鉤子大而硬，幾乎像帳篷上的一樣大，當然這是用來搭汗巾的，洗完臉洗完頭以後，把手巾搭在這裡是順理成章的事。但原來另有用處，鉤子大而且硬，是殺人之後把人頭掛起來示眾的。

第三是前邊溫水的木桶，木桶下腰的顏色固定是紅色，一來表示桶裡可能還裝有人頭，二來表示鉤子上掛的人頭往下滴的血跡。

還有件奇特的東西，就是剃頭人坐著的凳子，也是鮮豔的紅色，為什麼不用輕便的四條腿的凳子而用沉重的木墩子呢？關鍵就在這裡。墩子有墩子的作用，它既可以坐人又可以宰人，有誰敢抗拒不剃頭，馬上拉過來，按在墩子上剁腦袋。後來的剃頭挑子革新了，保持了墩子的原形，用幾塊木板拼成，中間是空心，做成一箇抽匣，盛些剃頭用具了。

我絮絮叨叨地說這些話，目的是說清朝自入關以後，對於剃頭匠一向是很看重的，在宮裡這行人也比別的太監地位高，除去師傅對徒弟打罵呵斥以外，很少受到別人的折磨。這些話我是聽老劉講的，他說老一輩的師傅傳說，是有這個譜兒。這些話當時只能在家裡偷偷地說，在宮裡是不能說的。

元宵擔與棚匠劉

吉伯特・威爾士是英國基督教傳教士，十九世紀末來華，曾在中國工作了三十八年之久。他精通漢學，深諳中國人的人情禮俗，因而應中國中部教堂傳教士會議的邀請，著作《中國的禮俗》一書，作爲初到中國的傳教士在華工作與生活的入門教材。

他認爲，「本書的觀點是從中國人的角度出發的」。在開篇的第一章裡他曾明確的告誡讀者：

> 使用照相機也要謹慎小心，特別是當一大群人正在進行遊行或其他慶祝活動的時候。……對有人給他們拍照通常極厭惡……暴露在照相機面前就無異於被人用髒水潑臉，從而招來厄運。很自然，這些頭腦簡單的鄉農們極端反感別人為他們拍照。

這張明信片由北京 Hartung's Photo Shop 攝製發行，但難以考證這位Hartung是不是就是上海著名猶太富豪「哈同」。從圖中這名賣元宵的小販臉上我們仍然可以

No.39

看到百多年前「極端反感」的表情，而無論頭腦簡不簡單，誰也不會對這種突如其來的冒犯無動無衷的，尤其是在北京這個「我所訪問過的唯一一個並不因你是個外國人而對你特別優待的地方」。亨利·諾曼說。

除了元宵小販充滿個性的神情，這張製作精美的圖片首先為我們展示著北京某條胡同的初夏景致，剛剛脱下厚重棉衣的人們正閒適地散步在陽光明媚的街頭。畫面左上方是一架尚未完工的「天棚」，夏季裡，北京的富貴人家總是雇請棚匠在自家院子裡搭架消暑納涼的天棚，其他如婚喪嫁娶紅白喜事也會搭起這樣高高的棚子。據説北京人自明朝永樂年間就開始時興搭天棚，其間出現了許許多多技藝高超而為人稱道的棚匠，西直門內大街有條「棚匠劉胡同」，至今仍為我們記憶著一位活躍於明永樂年間的劉姓棚匠。代代相傳，直到清末明初，劉棚匠的子子孫孫仍然是劉棚匠，但傳説中老劉棚匠以簡單的蘆蓆搭建金碧輝煌的鐘、鼓、牌樓的驚人技藝，卻已成絕響。

這張照片應該是拍攝於1900年庚子事變之前。庚子年後，歷經聯軍戰火的北京百姓，恐怕多年也難以在狼煙未盡的廢墟之中找回那份雅興。

去往北京的路

過去，外國人由中國各地到北京旅行大多走水路，比如說從上海乘船到天津，到天津後，仍有水路旱路兩種選擇，但多數人還是換乘帆船沿白河北上至通州，然後走旱路，可以騎馬、坐轎或乘騾車，從通州到北京只大約三十里路。

立德夫人就是這樣「乘船沿著白河緩緩地順流逆風而行」來到通州，然後換乘騾車。她說：

> 這條石頭砌成的路從通州通往北京，是明代的傑作。路上，人、馬和騾子瘋狂地掙扎著把車子往前挪，行人都被擠到路邊的荒地裡。天啊！這比沒路還要糟！看看這一切，我胸中又充滿了憤慨。想到眼前的這一切一定會在酷暑的烈日和塵土或嚴冬的泥水和雪中再現，我更加憤慨。

從天津到北京，亨利·諾曼走的是旱路，他雇用了幾匹矮種馬和一名馬夫，

> 在一個明媚的週日的早晨大約七點鐘的時候，離開了天津……。此

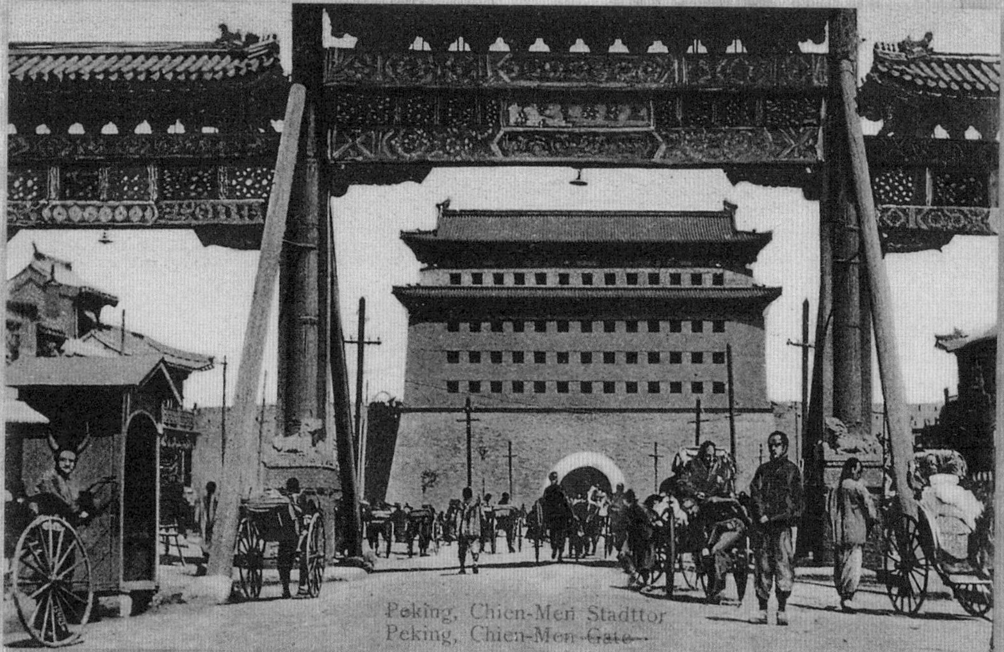

Peking, Chien-Men Stadttor
Peking, Chien-Men Gate

No.40

後，我在一條通過一片乾涸土地的狹窄小徑上時快時慢地騎行了大約四十英里，中途在一個中國小旅館裡住了一宿。這個小旅館不過是幾間簡陋而又寒冷的空房，外面是一個空蕩蕩的露天馬廄。晚上八點上床睡覺，第二天早上三點起床，為的是讓帶著行李、被褥還有食品的馬車能在下午五點鐘城門關閉前趕到北京城。

亨利・諾曼說：「到北京旅行，你將經歷兩次巨大的興奮與滿足。」在以後的敘述中，諾曼反覆的強調這個伏筆，直到他離開北京的那一刻。對於自己的巧妙構思，諾曼似乎頗爲得意。

第一次讓你興奮不已的就是當你初見這座偉大城市的城牆的時候……。

一座高聳入雲的城樓盤踞在高大城牆的一角。在這個城樓的每一層，都有許多大炮張著大口，虎視眈眈。

千真萬確，你終於來到這座城市的城牆前……你終於來到了旅行者之父馬可波羅所說的仙境之中……。

這是你遊歷北京時要經歷的兩個珍貴時刻的第一個。

當你繼續策馬前行，你發現那些大炮口不過是塗在木板上的黑白相間的圓圈而已。而這種被欺騙感，總而言之，將就是你北京之行的全部。

所以，第二次讓你興奮不已的時刻，「就是當你轉過身，背對著北京城——這座刺痛人的身體與靈魂的城市——的時候」。

圖中所見，是北京前門（正陽門）箭樓，它在後來的庚子事變中部分地毀於聯軍炮火，後經修復。本世紀八〇年代末我看到這座失去城牆的箭樓時，它那一格一格的窗口內也還畫著嚇唬人的小圓圈，但當然不是亨利·諾曼曾經歷歷細數的那一

千個「炮口」。

按亨利・諾曼行進的方向判斷，曾讓他興奮不已地面對著和背對著的，應該是城東的廣渠門或朝陽門，在今天看來，這些「門」早已沒有什麼令人興奮之處了，那不過是一座座公路立交橋上標示方位的橋樑名稱而已，至於雄偉的城牆，則已推平建成了現在天天堵車的二環路。這條環繞全城的「車河」，仍隱隱的發揮著它曾經作爲城牆的部分機能。

噢！北京！

儘管旅途的顛簸勞頓曾令立德夫人「憤慨」不已，但她仍然認爲，「在所有我到過的地方中，北京是最奇妙的」。

北京有很多迷人的花園。我們路過的時候，花園裡鮮花盛開，每個從花園出來的人，手上都拿滿了晚香玉花。前門（也是正門）周圍瀰漫著香味，香味來自一排排等待出售的小樹。中國人欣賞花似乎只是為了花香，他們只喜歡香味濃郁的花。中國人十分幸運，他們的嗅覺器官只能對引起愉悅的氣味起反應，對那些使人不快的氣味，他們似乎懶得挪動他們的鼻子。

從城牆上看，北京像個大公園而不是一個人口眾多的城市。城裡到處是樹。許多宮殿前都有一排排鬱鬱蔥蔥的樹，每個院子裡至少有一棵，大的庭院則幾乎栽滿了樹。事實上，如果北京是像它規劃的那樣——或許它曾經就是那樣——我想不出有比北京更雄偉的城市。

No.41

對一個旅行者而言，心情、特別是心態，經常引導著他對一座城市的見解。當然，起一定作用的仍然是他的個人修養，和旅途中的遭遇等等。

亨利・諾曼到北京後，應該是一直懷著「被欺騙」的心情，這種心情，在他偷偷潛入雍和宮照相失風被捕時上昇爲另一種狀態。他先是恐懼。「如果他們擊碎我們的頭顱，將我們的屍體掩匿在雍和宮的某個洞窟中，我們從此就要在這個人世間銷聲匿跡了」。然後，他開始暴怒地謾罵。

> 北京是人們所能想像得到的最為骯髒的地方，這種可怕之極的骯髒真是無以形容。確實，你根本想像不出北京有多麼骯髒。
>
> 這座城市簡直就是一個巨大的臭水溝。

雖然北京是如此的不堪，但亨利・諾曼還是按照原定計畫待下來了。他騎著一匹蒙古馬登臨長城；接受了羅伯特・赫德熱情款待；並且，通過重重關係採訪了李鴻章。與李鴻章短短的談話中，他曾不失時機地「半開玩笑」地說：「是的。我特地來這裡希望總督大人能夠高抬貴手，給我一份（去西藏的）安全通行證，並給達賴喇嘛本人寫一封推薦信。」結果，據他自己說，李鴻章——這個「極端複雜而精明的人」，只大聲回答他三個字：不可能。

圖中所見，是十九世紀末北京前門大街的一派昇平景象，攝影者所處的位置應該是前門箭樓之上，從這裡向南俯視，眼下是護城河橋，前門牌樓。牌樓右側往西的那條胡同，是著名商業區大柵欄；往東有戲園子，有遊戲場和私娼館大煙館。過牌樓一路南行，過珠市口，再往南就是天橋。所謂「天橋把式」說的就是這個天橋。

百多年前，立德夫人行過前門大街時看到：

> 有時，街上的馬車裡會有一兩個滿族婦女，她們面目清秀、矜持，臉上掛著和善的微笑。她們善良、安詳，興致很高地看著這個城市和它的街道……。

去北京的另一種方法

作爲八國聯軍統帥，德國人瓦德西（Von Waldersee）是在聯軍佔領北京一個多月後才到達的。1900年10月17日晚上，他已經把自己舒適地安頓在被當作聯軍司令部的中南海，然後，提筆寫下這份給德皇威廉二世的報告：

司令部之從津移京，係分為兩梯隊，於本月13及14兩日啓程。因運輸器具尚未抵達大沽海灣之故，所以余只能利用特向（俄國）陸軍中將 Linewitsch 處借來之俄國單馬軍車，以資轉運。至於大宗行李及糧食，則用帆船由津運至通州，再由通州陸運到京。所有沿途行經之路，一直至於北京城下，只是一片荒涼毀掠之景而已，沿途房屋未經被毀者極為罕見，大都早已變成瓦礫之場……。余在天津此側，直至該處為止，尚未曾親眼看見過五十個華人。

10月17日，余抵北京，乃與陸軍少將Hoepfner約定，午前十一鐘，乘馬以入北京東南城角之大門。各位駐京聯軍將領，皆在該處迎候。

Postkarte—Post Card.

An Herrn

Julius Koerner

Neuwied a/Rhein

Germany

DEUTSCHE DRUCKEREI & VERLAGSANSTALT, SHANGHAI.

GERMAN PRINTING & PUBLISHING HOUSE, SHANGHAI.

S. III.—2. Graf Waldersee und sein Stab. | S. III.—2. Count Waldersee and his staff.

No.42

英國人普特南・威爾（Putnam Weale）1877年生於寧波，當時任職於中國海關總稅務司署，在瓦德西進城的歡迎儀式上，只有瓦德西頭上的那頂怪異的草帽給他留下深刻印象。他在隨後的日記中寫道：「彼年紀已老，但觀其所戴之帽，已極怪異，其帽用草編成，如南非地方之所用者，有德旗之紋印，縫於向上捲起之處。此當係柏林裁縫之意，專爲在東方夏日行軍之用者。然此帽實毫無用處⋯⋯。」

瓦德西到北京時，北京城內外早已被各國部隊搶劫一空，他向威廉二世詳細報告了各國掠劫財物的狀況和贓物分配方式，至於宮中的情形，「最大部分可以移動之貴重物件，皆被搶去」。

這時候，在駐華的各國使節之間，正耳語著一則令人驚愕的傳聞，而且，這個傳聞「並得駐京已有四十年，各方消息最靈通之主教樊國樑（Pierre M. A. Favier），認爲確實不虛。據云（清）皇室藏有三萬萬馬克之儲金云云」。

然後，瓦德西告訴威廉二世：「……按照此間情形，儲款必係現金，自余在夏宮（頤和園）、冬宮（中南海）詳細觀察之後，究竟何處能夠保藏此種大宗現金？此眞非余所能相喻也。」

在北京，瓦德西正忙碌不堪。一方面祕密的爲德皇暗訪傳說中的皇家寶藏；一方面協調各國間分贓不均的矛盾；另一方面正籌措與清廷進行談判，而同時又整軍進犯保定以擴大談判籌碼。但稍有閒暇，瓦德西仍能把握時機騎馬出遊，他說：「余之出遊，幾乎無一次不發現一點新鮮趣味之事。」

不知道他是不是讀過亨利·諾曼的北京遊記。他說：「北京城在各種旅行筆記中，常認爲是世界上第一污穢之城市，可謂一點不錯。」但他所見到的「污穢」卻與任何旅行者見到的截然不同。「城中常有大批全野或半野之野狗，飽嚐人肉，因爲圍攻時代所積之死屍，約有十四日以上之久，未曾搬運掩埋……野狗之外，助以烏鴉……」。

和大多數旅行者一樣，瓦德西必然要看看砍頭。由於受死的拳民是殺死德國公使克林德的兇手，所以，瓦德西不需要像別的旅行者那樣賄賂劊子手。但奇怪的是，「彼等（指中國人）對於斬首之慘，遠不如我們心中所想像」。

> 至於執行死刑之地，係在克使被刺之處，換言之，係在極為繁盛之街上（東單）。雖然如此，而好奇往視之人，卻不甚多。距此不及五十步遠之街頭攤子，仍復照舊營業不歇，在彼飲食之人，殊不願停放其杯箸。一位說書之人，繼續演述荒唐故事不絕，其吸引號召多數聽眾之力，實遠勝於執行死刑一事。

這是一張「戰地郵政明信片」，所以免貼郵票，1900年或1901年由中國某地寄往德國 Neuwied。圖中所見，是瓦德西和他的幕僚們初到中國時受到德軍部隊歡迎的情形，地點可能在天津大沽，圖中左側有幾名圍觀的中國平民可能是受雇於德軍的裝卸工人。包括這幾個人，瓦德西從這裡到北京的一路上，只見到不超過五十名中國人。

另一種風景

在庚子事變期間，或者是經歷了太多殺戮，人們對血濺三尺的刑場已經不如以往那麼熱中，而且，那些在外國人監斬下昂然就戮的拳民，其實不是惡貫滿盈的不赦之徒，不過是一個個歷盡天災人禍的貧窮農民，更何況，庚子年間的北京，誰家沒有死人。

人們對刑場的冷漠使瓦德西感到詫異，另一方面，拳民們臨刑前的態度則更讓瓦德西驚訝不已。他說：「即就一般被處死刑犯人之態度而論，亦常足以證明彼等實具有毫不畏死之精神，倘有一犯露出沮喪之氣，則將爲其同死各犯所辱罵所譏笑。」

亨利・諾曼自然不會錯過這種務必到此一遊的奇妙風景，再以極盡炫耀的、彷彿歷劫而歸的筆調，竭盡其能的向他的英國讀者介紹這個驚心動魄的血腥場面。

他像購買門票一樣的甩給守衛士兵幾枚硬幣，就大大方方的進入刑場。這是個

Chinese Pirates on the Execution Ground.

No. 124. Sold by O. F. Ribeiro, Hongkong.

No.43

198

空蕩蕩的大場院，「骯髒的空地上面擠滿了中國人，這些中國人把我們擠到中間，離行刑的地點還不到四英尺。」

> 這些罪犯總共有十五人，劊子手將他們分成兩排，中間相距大約兩碼，面朝同一個方向。所有的罪犯看起來都有點無動於衷……他們與圍觀的群眾交談，甚至有些罪犯還與他們開玩笑。其中有一個犯人，抬進來的時候，還在引吭高歌，直到人頭落地的那一剎那為止。

亨利·諾曼說：「我不想描述此時此刻的情感：可怖，強烈的厭惡感，希望你沒有來到這樣的一個地方……而同時你又是如此地著迷，以致你努力睜大眼睛，生怕錯過了任何細節。」然後，

> 刀已經舉起來了。這是一把需用雙手握住的大刀，刀身很寬。刀背極厚重，刀刃猶如剃鬚刀片一樣，十分鋒利。

它在空中停留了有一秒鐘，此時劊子手已經看準了正準備下手。隨後它就落了下來。根本就沒有特別用力，只是讓它自然地落下來，並且落得很慢。當它到達這個罪犯的脖子上時，它並沒有停下來，而是繼續往下落。它可怕地緩慢地砍開犯人的脖子，而你只能從瞬間的恍惚中，依稀記起人頭突然落地，之後轂轆轆地往前滾。剎時間只見令人眩目的兩注猩紅的鮮血噴射了出來，劃了個優美的弧線，濺落在地……。

後來我與劊子手簡短地交談了幾分鐘。他告訴我……先前他每砍一個人頭，就可以獲得兩元錢，現在卻只能得到半元錢……。

最後，亨利・諾曼用九元錢買下那把鮮血淋漓的屠刀。「今天這把刀還掛在我的牆上，它時時提醒我，不要輕信我所讀到的有關中國文明已經進步的文字。」

衙門

一座衙門的中央大廳裡放著一個低矮的、大約有十平方英尺的木製架子，上面鋪著紅色的毛氈。在架子和毛氈之上，擺的是一張桌子，一把威風凜凜、十分醒目的太師椅，這兩件東西也都被漆成紅色。桌面上放著書寫工具，旁邊的牆上掛著鞭子、竹板，以及其他的刑具。架子的另一邊掛著一面銅鑼、一面鐘鼓，當然還有通常敲擊它們用的木槌。

以上物件便組成了一個原始的中國法庭。

美國公理會傳教士何天爵(Holcombe Chester)於1869年來到中國，1871年辭去教職轉任美國駐華使館譯員及參贊等職，1895年回國後出版《真正的中國佬》(*Real Chinaman*)一書。在他看來，「理論上我們至少可以說，中國法庭的辦事效率高、花錢少，而且比較令人信服」。

從整體上來看，清朝的法律充滿了智慧，溫和而講人道。……中國的

No.44

官員被賦予了相當大的處事自由，他們可以不受法律約束地採取各種手段以獲取當事人或者證人的口供……為達到這一目的，有時會使用一些無法描述形容的極端恐怖的酷刑……。

麥高溫教士看到：「有些時候，爲從某些複雜的案件中查出事實眞相，他們會發揮自己的淵博知識和聰明才智想出一些計謀來。」

對一名外國旅行者而言，中國衙門裡種種光怪陸離的酷刑似乎比庭園山水要有趣得多，對此，亨利．諾曼自然不會輕易錯過。在一名英國領事的導遊下，他來到一所正在審案的衙門裡。

地方官高坐在他的衙門裡面審案。他看起來大約有四十歲，慈眉善目，前額寬厚，戴著一副普通的大眼鏡。當我們進去的時候，他抬起頭看了我們一眼。很明顯，他因為受到打擾而有些厭煩，甚至對我們熱情的問候，他也只是勉強應付了事。由於是藉一位領事的威風而來，我們也就如同在家裡一樣，毫不拘謹，因為中國的官員在這位領事面前，根本就沒有什麼威風可言……。

在衙門裡，我們幾乎沒有見到西方法庭上的虛飾浮華。這位地方官的桌案上，蓋著一塊寫有很大的中國字的紅布，可以算得上這個衙門裡唯一的設施了。在桌案後面，有中國官員引以自豪的巨大的華麗傘蓋。在他的前面，有一片空地，兩邊站立著衣色混雜的人群……。

當我們全神貫注地觀察「吃板子」的時候，根本沒有注意到在衙門的另一處進行的另一種完全不同的刑罰。

一個人的手腳被捆在一個與他的背部差不多長的板凳上。只見他的背極度往後彎曲……。

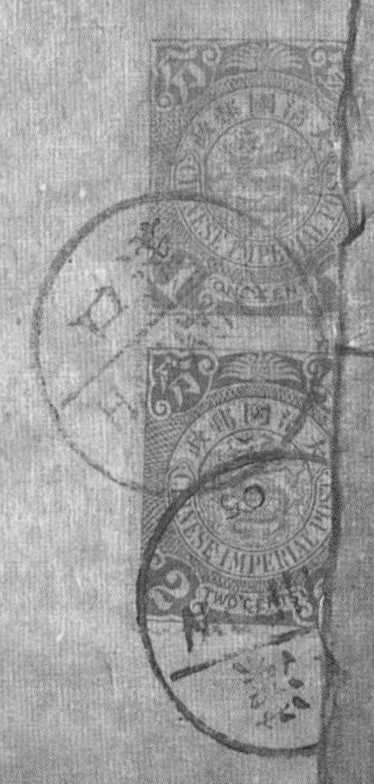

在衙門的另一角，另外一個不幸之極的傢伙正遭受著另一種被稱作「跪鐵鏈」的刑罰。一條細繩索綁住了他的拇指與大腳趾……。

在這位領事與其他朋友的幫助下，我有幸見到了刑訊逼供用的一整套刑具：輕板、重板、夾棍、掌嘴，還有其他各式各樣的刑具。

但是，亨利·諾曼終究沒能一睹「凌遲」，他不無遺憾地告訴他的英國讀者：「至少有一次一個外國人目睹了凌遲之刑，在這樣的場合，中國人會很強烈地甚至是本能地反對外國人到場。」

作爲創意的酷刑

在嚴刑逼供及定罪後的殘酷刑罰被視爲「刑律」而理所當然的時代，那些心性異常的立法者和執法者可以盡情發揮自己的想像力，竭盡所能地延長一個人在死亡前所能承受的各種痛苦，並使他清醒而敏銳地感受著。許多慘無人道的刑罰已經作爲我們文明的一部分被載入典籍，同時有著相應的文字，如刖、劓、剜、剮……。幾千年來，這些酷刑積累了衆多經驗和創意而臻於完善，明朝洪武年間可能是一個顚峰，而清朝晚期則可能是另一個顚峰。

除了官方法定的刑罰，大量的酷刑大約來自地方官員或民間私刑的自由創作和臨場發揮。比如凌遲，一個充滿創意的劊子手或監斬官可能將其發展爲「魚鱗碎剮」而盡致淋漓。

中國人對酷刑的無比創意，使它成爲外國旅行者們必經一睹爲快的奇妙風景。在存世不多的刑場圖片中，我們經常可以發現，圍觀的人群裡總是夾雜著高鼻深目的洋人身影，而他們的露出卻又彷彿是一種刻意的無意，往往只是一個側面或背影，似乎只在於證明自己曾「到此一遊」而已。

No.45

有一張著名的照片，好像曾出現在中學歷史課本中，畫面中央是一名立於「站籠」中的囚犯，他疲憊而艱難地望著鏡頭。站籠一側是幾名外國人，其中離鏡頭最近的那位穿一身筆挺的白色西服，戴白色禮帽，還握著一柄手杖，面帶微笑地注視著鏡頭，他身後的站籠和站籠中瀕死的囚犯，感覺上只是一個供人攝影留念的景點而已。

站籠是囚籠的變體，使雙手反綁的囚犯只能直直站在籠裡只露出頭來，籠頂的圓口則緊緊地卡著脖子，只要稍一鬆懈就會窒息而死。然後，人們的創造發明使它變得更爲殘酷。加長的籠子使囚犯只能踮著腳尖勉強地站在籠底的七塊重疊的磚頭上，這時候，他可以選擇死亡，只要踢倒磚頭一切就都過去了，但是，求生的欲望使他掙扎著挺了下來。

站籠一般都立在繁華的大街上，讓過往行人看著籠中的囚犯在烈日下一點一點的死去而心生警惕。據說，在嗜賭成風的廣州，賭徒們會圍著站籠下注，賭哪個先死哪個後死，或者是這個囚犯能挨過幾日。但最多只有七日，因爲，他腳下的磚頭會被一天抽去一塊。磚底下有一層厚厚的生石灰，當第七塊磚被抽去時，他將直接踩在石灰上，這時候，經驗豐富的衙役們便開始往裡注水，很快的，灼熱的石灰水會像利齒一樣噬咬著他的身體，在這種情況下，只有別無選擇的死亡能使他脫離痛苦了。

人最怕生不如死了，但酷刑的意義就在於讓受刑人生不如死。古往今來，那些酷刑的創造者們幾乎嘗試了一切可能，在人類的肉體和心靈深處尋找痛苦的極限。但對他們而言，這卻是無比光榮也無比神聖的職責。就像什麼呢？就像父母打罵孩子，或老師體罰學生一樣。

很多時候，刑罰本身就是一種目的，無論是官方的或施刑者個人的目的。同時，刑罰也經常是一種儀式，一種權力的遂行與展示。在梟首棄市或號枷示衆的儀式上，儀式因權力而得以施行，相對的，權力則因儀式而得以強化和森嚴化。

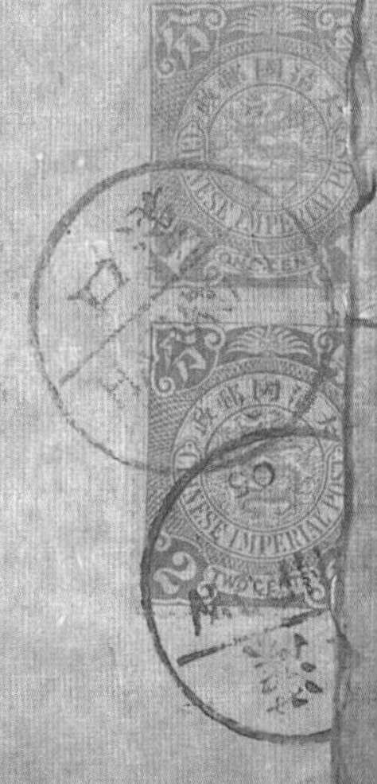

然而，圖中這六名百多年前號枷示衆的囚犯正向我們展示什麼呢？

如同右上角那枚加蓋改值的特印郵票所展示的法國在華權力，他們正展示著凌駕《大清刑律》之上的攝影者的權力。而從他們凝重的表情中卻彷彿可以看到，那個在無上的權力中腐敗而瀕於消亡的大清政權。

去往刑場的路上

清代北京的刑場在宣武門外菜市口，由刑部大門去往菜市口的路上是一段繁華的街市，根據慣例，刑犯可以向沿途的店家索要各種點心、飯菜或甚至布料綢緞。宣武門外有一家叫作「破碗居」的酒鋪，每年秋決當日，酒鋪老闆照例在店門口置上一大盆被稱作「迷魂湯」的特製烈酒，刑犯經過這裡時，總要喝上幾大碗，再把用過的碗當場砸碎（破碗居因而得名），然後直奔刑場。破碗居離菜市口已經沒多遠了，大約不到一里地，刑犯到達刑場時，不管酒量再好，也已經爛醉如泥了。

臨刑前，按例准許刑犯家屬當場進行「活祭」。活祭的規模根據刑犯的家庭狀況而略有不同，但也不可能大操大辦的，畢竟這是刑場，而且在刑場上死無全屍終究不是什麼體面的事。

預先備妥的棺衾會被放置在刑場一側刑犯看得見的地方，好讓他放心，然後，家屬們披麻帶孝地跪在刑犯面前，中間擺放著刑犯平日喜歡的飯菜，點上香燭，開始一口一口地餵他吃飯。這頓飯叫「辭陽飯」。和飯菜放在一起的，還有一摞一摞的

Tientsin 1912, On the Way to the Execution
Tientsin 1912, Auf dem Wege zur Hinrichtung

No.46

紙錢紙錁，按例是在處決後才能焚化。

行刑時刻一到，再次驗明正身，監斬官端坐監斬棚內，戴上茶色墨鏡表示不忍卒睹，然後遞出行刑令箭，開始行刑。

> 他端坐桌旁，一點也不為所動；但他不像個殘酷的傢伙，倒像一位很有教養的人……。他似乎覺得這是小事一樁，沒有什麼值得大驚小怪的……。他悠然地端坐在桌旁，搖著扇子，托著煙袋……。

亨利・菲爾德（Henry Field）在他1890年的一本著作中這麼寫著，他所觀察到的「法官」，並不是我們習以爲然的橫眉怒目的暴戾形象，反倒是一派儒雅行狀。

這張明信片是在1912年拍攝於天津，圖中所見，是荷槍實彈的士兵遞解刑犯在前往刑場的路上，從整個場面的規模看來，受刑者可能不止圖中所見的三人。可以清楚見到的兩名刑犯中，畫面中央的那一名彷彿只是滿目黯然地被士兵們推攘著往前走著，而在他身後不遠的另一名刑犯則正張著嘴大聲嚷嚷著什麼。在民國元年的兵荒馬亂之際，以如此軍容肅穆的排場處決的人犯，大約不是平常的雞鳴狗盜之徒吧！但是，誰知道他們到底都幹了什麼？

我們完全清楚的是，從1912年民國成立開始，一場軍閥混戰的殺戮由此揭開序幕。我們的歷史總是在一連串黨同伐異的殺伐之中顛仆而行，一些人的崛起必然要有一些人人頭落地，再由另一些人循著前人的血跡以正義之名，以各種主義之名……。

相對於平常的刑事案犯，統治者對可能危及自身統治的異己分子的殺戮經常倍加殘酷，他們絕對不會得到諸如「迷魂湯」、「活祭」或「辭陽飯」之類的「人道」待遇，相反的，無論他們死於何種酷刑，他們的割裂的遺骸只有依法棄市而不能收屍入殮，同時，再將他們的首級懸掛在高高的城牆上，以儆效尤。

許多外國旅行者都見識過這樣的場面，並在他們的遊記中用大量篇幅詳加細

述。儘管這些場面是如此的殘忍而令人作嘔，但當它們被製作成精美的明信片時卻仍然炙手可熱，成爲旅行者們來華必購的旅遊紀念品，以分享遠方的親友。

我曾見過這麼一張實寄片，是一張1900年庚子事變中處決拳民的圖片，畫面中央是一個被當作刀俎的樹根樁子，樁子已經被鮮血染紅，它的四周散落著一些被肢解的殘骸。這是一張製作精良的明信片，正面圖案被框在姿態曼妙的葛藤花邊之內，圖面經細膩的手工著色而更加顯得怵目驚心。寄件人以悠美的花體字書寫收件人姓名地址和簡短的留言，1901年由北京寄往倫敦。

人們正竭盡所能的解釋著中國，包括每一位在華的和從未來華的「中國通」們，人們以各自的專業優勢和在華年資表明其解釋中國的充分條件和發言資格，大到數十萬言的洋洋巨著，小到區區的風景明信片，無一不飽含著有關中國的解讀與詮釋。

《中國總論》作者，老牌中國通的美國著名傳教士衛三畏（Samuel Wells Williams）認爲，「使節們和商人們不如傳教士更能摸清中國人的道德品格」。在這些方面，「傳教士具有優先的發言權」。

在他看來，中國應被視爲「中間王國」，「因爲中國人在文明和野蠻之間佔據中間的位置」。因此，

> 總的來說，中國人表現為一個混合體，如果有什麼東西可以讚揚，就一定有更多的東西要批評；如果說他們有什麼比較明顯的惡跡，可他們比

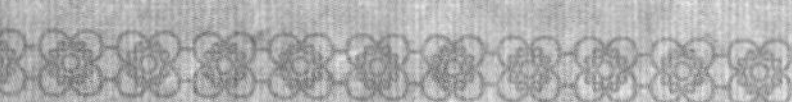

A Street Scene in Old China.

No.47

其他絕大多數異教民族又具有更多的美德。炫耀的仁慈和天生的疑慮，儀式化的禮貌和現實的粗魯，部分的發明和奴僕般的模仿，勤勞和浪費，溜鬚拍馬和自我依靠，這些陰暗和光明品質奇妙地混合在一起。

約翰·格雷（John Gray）曾擔任廣州教區副主教，他對中國人的認識和衛三畏頗爲相似，在其上下兩卷《中國》一書中有著如下的敘述：

> 在同一個個體中，美德和邪惡，很明顯地不相協調，但卻同時並存。逆來順受、溫和軟弱、乖巧柔順、勤勞艱苦、知足常樂、歡快活潑、服從長者、孝敬父母、尊重老人都存在於同一個人身上。與之相伴的是不誠實、說謊、奉承、欺詐、殘忍、嫉妒、忘恩負義、慾壑難填和缺乏信任等等品質，中國人是一個軟弱和怯懦的民族。

爲中國人定性和定義的爭議幾乎形成了一場「論戰」而延續著整個十九世紀。

到十九世紀末葉，明恩溥以其在中國生活多年的深厚根柢，總集各家大成而完成《中國人的特性》一書，爲表明其無可非議的資格和條件，他在該書緒論中謙虛地寫著：「一個人在中國生活了二十二年，也並不能證明他就有資格來撰寫一部……。」

明恩溥把衛三畏和格雷提到的「混合體」的衆多相對細節，分別獨立成章，以較大的篇幅予以詳細說明。可能是爲求全面，使明恩溥對中國人「特性」的定義不免流於渙散而莫衷一是。這就像他說的「窺洞」一樣。

「周圍隨處可見的所有中國人，毫無什麼個性可言，成群的中國人看起來，與草窩裡整窩的蜜蜂、地面上的成堆螞蟻、空中飛舞的黑壓壓的蟲子簡直就沒有什麼兩樣。」可能自覺有所失當吧，這段文字在該書的再版中被作者刪除。

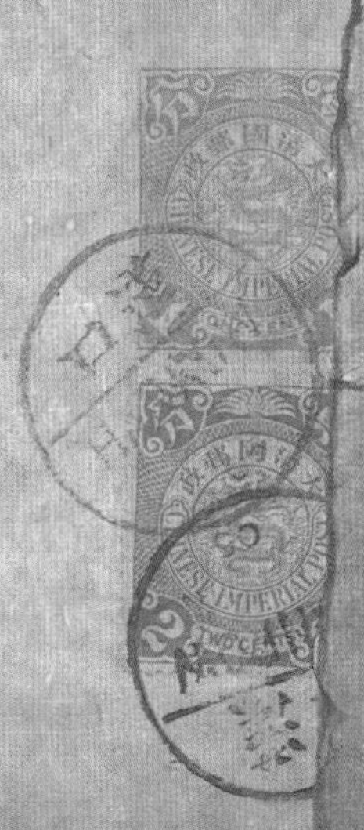

然後，明恩溥把中國人比喻爲「牛舐過的頭髮」。他說：「如果我們所居住的地球被看作是一個腦袋，各個民族被看成是頭髮，那麼，中國人就是令人肅然起敬的

『牛舐過的那一簇』，可梳、可剪，也可刮掉，但不管怎樣它必定會重新長出來，並像以前那樣地挺立著，向著那一絕不會更改的方向。」

明恩溥久居北京東郊的通州農村，並以此爲藍本透視整個中國。他認爲農村才是中國的縮影，「瞭解中國人的特性最好也是在農村」。他的詮釋中國的資格不僅來自久居中國的深厚資歷，更重要的是，「深入中國人的家庭，研究他們的家庭生活」。

久居農村，使他對命題的舉證多半引自村姑農婦的刻薄的閒言碎語。比方說「缺乏同情心」，他以一位潑辣的嫂子辱罵她雙目失明的小叔爲例，這個嫂子說：「你老是跑我們家來吃什麼呀！我們這裡沒有你住的地方。如果你想要個硬傢伙，這兒有小刀一把；如果你想要個軟傢伙，那兒有根繩子。你自己看著辦吧！」

至於中國人「好爭鬥」，明恩溥說：「婦女們經常沉湎於『罵大街』的壯舉之中，她們往往要登上自家的房頂，一氣高聲叫罵幾個小時，或者直到她們的嗓子嘶啞而再也不能罵人時。」

如果以在華居留時間的長短來衡量一個人詮釋中國的資格的話，美國長老會傳教士丁韙良（W. A. P. Martin）和總務司赫德應該是最沒有爭議的人選。

赫德初到中國時，就在寧波結識了丁韙良，此後，兩人同朝為官並且維繫了半個多世紀的友誼。丁韙良曾任京師同文館總教習及京師大學堂（北大前身）校長。1900年6月，正是丁韙良來華五十週年，但他卻和衆多死裡逃生的外國人被圍困在北京東交民巷，他在回憶錄中寫道：「我在公使館遇到赫德，我們相對無言。我們的臉因屈辱而變得通紅。我們萬沒有料到，傾其一生為中國做出業績，到頭來……。」於是，他激憤地寫著：「……那就讓這個異教帝國，被基督教的西方列強分而治之吧！」

然而，也就是庚子事變的幾年之前，丁韙良才滿懷深情地寫下：「中國人的心靈將不斷地靠近我們的心靈。」他說：

> 從沒有一個偉大的民族能像中國人這樣被誤解，他們被貶斥為愚蠢，是因為我們不掌握能夠明確地向他們傳達我們的思想，或把他們的思想傳達給我們的語言中介；他們還被醜化為野蠻人，是因為我們缺乏理解一個不同文明的寬闊胸襟。他們被描繪成奴僕般的應聲蟲，雖然他們比任何民族都更少求助於人；他們還被誣蔑為缺少發明的本能，雖然世界要感謝他們作出了一系列有價值的發現；他們更被貶斥為固守傳統，雖然他們在自己的歷史長河中經歷了許多深刻的變革。

什麼樣的中國？

到底誰最有資格去詮釋中國？這個問題仍然被爭論不休，但並不妨礙人們出於各自的目的對中國進行探索、解釋、扭曲和污辱。

「我認爲我自己有權利去寫中國，首先是因爲我對中國的語言有某種切實的了解；其次，因爲近五年時間裡我把自己的全部時間和精力都投入到中國事務中去；其三，因爲在其中將近三年的時間裡，我一直處在一個非常尋常的有利位置，以獲取有關那些特殊題目的知識，這些知識正是我努力去寫的。」說這番話的人是曾任英國駐廣州領事館翻譯的密迪樂（T. T. Meadows）。

《在中國的十二年》作者斯卡思（J. R. Scarth）卻不這麼認爲，他在該書的序言中寫道：「絕大部分有關中國的書籍出自有官方身分的人——如傳教士們和那些與當地人並無多少接觸的人——之手」，而這些人「整日放不下自己的架子，只能時常作些乏味僵硬的外交式的訪問……」。

No.48

《泰晤士報》記者柯樂洪（Archibald Ross Colquhoun）則首先向讀者羅列出他豐富的遠東資歷和他曾經擔任的各種職務，然後說：「我可以宣布……我已經使自己有資格對發生在遠東的事件作出判斷，因爲……。」

E.A.羅斯只在中國作了爲時不多的短暫旅行，爲避免落人口實，同時凸顯自身的專業優勢，他的《變化中的中國人》是這樣開始的：

> 那些對中國的情況瞭如指掌的人肯定會這樣認為：在中國，任何一位西方人僅僅通過六個月艱辛的旅行與採訪是不可能了解中國人的。一位高級工程師說：「我在這兒生活了三十年，但住得越久越覺得不了解這兒的人們。」一位商人說：「我原以為在這兒生活幾年後，會了解他們的，但生活得越久越覺得他們不可理解。」任何一位外國旅行者如果請教一下長期居住在通商口岸的外國人的話，就會發現自己沒有勇氣寫關於中國人的東西。

那麼，什麼人才有資格解釋中國？羅斯認爲：「其實，對於那些了解東西方人心理素質差異的西方人來說，中國人並不難理解。在他們看來，中國人心理素質是以另一種文化或另一種社會組織爲背景的……。」

亨利．諾曼似乎沒有什麼傲人的履歷和深厚的在華年資，因此，他解釋中國的基本資格在於「眼見爲憑」和他的令人羨慕的幸運。他說：「我沒有描繪和討論任何我未曾拜訪過的地方，並且，所到之處，我都逗留有日且幸運有加，因而知悉地方當局與消息最爲靈通人士的觀點，不致流於走馬看花。」

在其著作的謝辭中，亨利．諾曼向爲他提供幫助的知名人士如羅伯特．赫德等再三表達由衷的謝意，而這些權傾一時的姓名卻似乎正默默地在爲他的著作背書。諾曼料到讀者可能會有這種錯覺，所以在謝辭中同時寫道：「不消說，讀者不應強行將這些紳士們與我的任何觀點聯繫在一起。」

然而，「親身經歷的程度」又經常是解釋中國的另一重價值標準。在《南京條約》簽訂之前，唯一對外國人開放的只有廣州一處，「那些到過中國其他地方的西方人是偷偷摸摸進行的」（J. Roberts）。1842年以後，根據《五口通商章程》，「外國人有權從五口出發，作半天旅行，但必須在天黑以前回到五口住地」。

但是，這些規定終究無法阻擋外國人解釋中國的熱切渴望。斯卡思說：「我換上中國服裝，打扮成一個中國人的模樣，請理髮匠剃光我的頭髮，在我的帽子上繫一條辮子……」，再用茶色墨鏡遮住眼睛，然後從上海出發。

《頭戴髮辮身著馬褂的商業先驅遊記》作者庫柏（T. T. Cooper），也是如此的喬裝打扮後沿長江而上，一直去到四川西部大渡河上的瀘定橋，途中只被識破一次。

密迪樂個子太高，「一出去就被認出是外國人，於是他便弄了一艘獵鴨船，使自己能沿著大運河旅行」，而成為亨利·諾曼所說的「至少有一次一個外國人目睹了凌遲之刑」的那個人。

這張明信片所引人注目的，大約不僅僅是圖中挑著小豬趕集的南方農民，還有樹下那輛象徵著西方工業文明的自行車，攝影者似乎有意將它安排在畫面的某個角落以暗示什麼，或者只是「到此一遊」的物證而已。隨著列強在華權力的擴張，從十九世紀中葉以後，外國人在中國內地的活動已經不再有什麼限制，甚至伴隨著多種便利，但是，這仍然不能引導外國人更好的認識中國，而依舊爭論不已。

赫德住在東交民巷的宅第是一座以「H」為平面布局的豪華院落，擁有獨一無二的私人樂團，是「居住在中國的外國人的聚會中心」，這裡「每週舉辦一次晚會，宴席之後就是舞會，且常此不衰」。

可能是在一次充斥著解釋中國的爭論的聚會之後，赫德饒有所悟的在他的日記中寫著：「在絕大多數情況下，關於中國和中國人的著作都陷入了毫無根據的以偏

概全的錯誤之中。」但這並不重要。在另一篇日記中他這麼寫道：「每個人都剝削中國，這是無可爭辯的事實，只要逼迫中國讓步妥協，一切便大功告成，他們就（高興得）猶如上了月亮……。」

> 赫德的宅第呈H型，與他的姓氏字首H相吻合，同時，這種設計能最大限度地享受陽光的照射和南風吹拂。這座建築含兩套客廳、一間彈子房和一間餐廳。西翼用作客房，全然西式裝飾；東翼則為私人辦公室和特別接待室。後者是徹底的中國風格……。

赫德的姪女曾在北京工作過，據她的描述，這座宅第包覆在一片巨大的中式庭園中，由葡萄牙指揮率領的私人管絃樂團就被安排在這座花園裡，「從此，總稅務司的身旁花團錦簇，一派輕歌曼舞。這一排場之大，足令北京的十座公使館黯然失色。」（Jonatham Spenser）

丁韙良這麼形容赫德在這座宅第中工作與生活的情形：

> 一年中無論哪一天，從上午九點到下午五點，都可以發現他坐在辦公室。短暫休息，僅是午餐後打個盹兒，而且不是非有不可。他從不休假，

No.49

甚至足不出北京一步。他從未有過郊遊，充其量遙望一下遠山。他沒有體育活動，只在花園散散步……他辦公時，還經常下令管絃樂隊吹打彈奏，表明他的寫字速度與音樂節奏合拍……。

據說，「赫德在工作時不怒而威，下屬和朋友無不對他畏懼三分，但他在私生活上卻『表現羞澀』」。一位評論家指出，「他在女性中取得的社交成就，遠遠大於男性，這一點用不著懷疑。可是，跟其他人一樣……他對知識女性無甚興趣，他只希望他的女朋友個個年輕貌美——那種讓人難以忘懷的尤物，還能在適當的時候，叫一聲：您好！羅伯特爵爺。」

關於這個問題，赫德在他的日記中寫道：

眼下有些中國女人非常漂亮，你只要花上五十到一百美元即可買到一位，供養費每月只需二到三美元。孤獨使我們非常渴望女性的溫柔；考慮到這些，你難道不認為我們的處境十分艱難——充滿了誘惑——而且是最難以抗拒的誘惑？

然而，這所有一切都將在赫德預料的一場殊死的動亂中灰飛煙滅。早在 1894 年，他就在日記中寫道：「中國人的熱血，已被過去二十多個世紀的思想訓練得冷卻凝固。但我堅信，這些重創總有一天會表現爲最猛烈的怒火，到了那時，我們這些外國人都會被一古腦掃出北京。」

果然，這股「最猛烈的怒火」在僅僅五年之後就從山東境內燃起，從而延燒了半個中國。「赫德比任何一個在華外國人更視義和團起義爲禍害。從個人利益講，他大敗虧輸，幾乎丟掉了一切。他的宅第被夷爲平地，他的書信、日記以及一生積蓄全被掃蕩一空」（Jonathan Spenser），其中包括大部分他珍藏多年的、由他策劃發行的珍貴郵票。他說：「我被這場動亂刺傷了心，但它不可避免的來臨了……。」

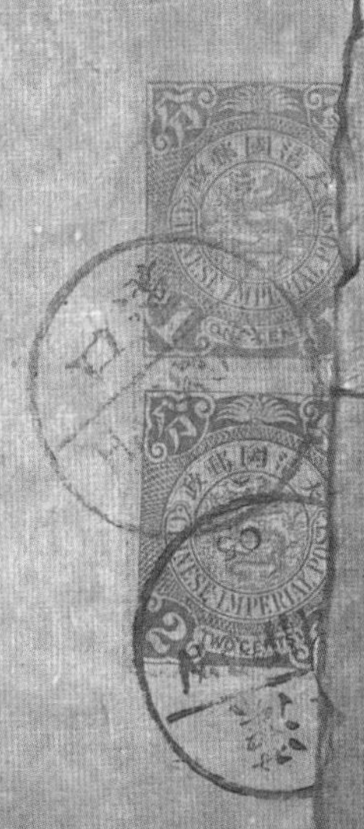

赫德認爲：

> 如果正確的話，兩千多萬拳民，基於愛國熱情，拿起武器，刻苦訓練，嚴守紀律，他們不但會使外國人在中國無立錐之地，而且還會把被外國人掠走的全部財富奪回來，讓欠舊帳的人還本付息……從而在未來引發我們眼下無法逆料的動盪和災難。在五十年內，只要中國政府一聲召喚，排成密集戰鬥隊形的『義和團』團民的人數，會達到億萬計，這是不容懷疑的。

1908年，赫德離開了中國。五十四年前初抵中國的那個愛爾蘭小伙子已垂老矣矣，現在，他將帶著來自中國的全部榮耀榮歸故里。他的姪女回憶說：

> 我記得他走的那天上午的情形。當時天氣異常晴朗，總稅務司的樂隊奏起了〈美好的往日〉一曲。總稅務司在月台盡頭下轎，臉上帶著迷惘神

情，但這個表情持續時間非常短暫。他很快又恢復到盛氣凌人的司令官模樣，大聲說：我準備好了！然後步伐堅定地從列隊致敬的士兵面前走過。樂隊高奏〈家園，美麗的家園〉。他靜靜地向共事多年的中國官員道別，再轉身朝熟識的歐洲人說再見……最後，他離開人群，朝火車走去，一步一鞠躬。

1911年9月20日赫德去世；三個星期後，清朝覆滅。赫德在辛丑年的預想，已經在辛亥年部分地成爲現實，而中國人民所懷抱的樸素理想，則將在赫德所預期的「五十年內」以另一種革命形式逐步呈現。

1914年5月，由民國海關、郵政總局及上海公共租界工部局籌辦，一座赫德銅像在上海外灘拔地而起。第二年，被林語堂稱爲「怪傑」、胡適稱爲「怪物」的辜鴻銘，在他的英文著作《中國人的精神》一書中寫道：

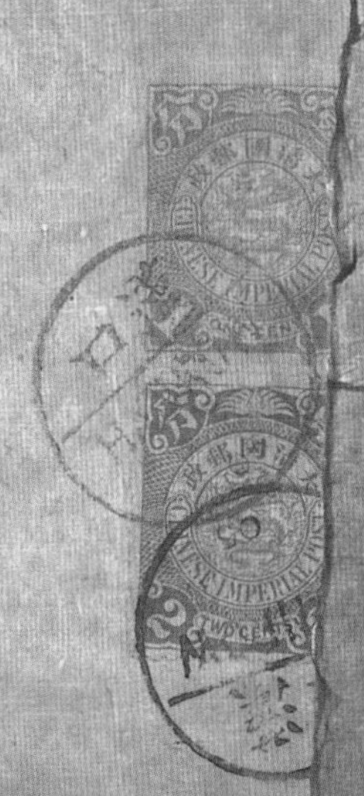

240

　　我曾致力於為中國學生編過一本盎格魯・撒克遜觀念的手冊，結果，迄今為止，我編來編去，不過是以下這些東西……你信仰上帝嗎？是的，當我上教堂的時候。你不在教堂時，信仰什麼？我信仰利益；你給我什麼報酬。……何為地獄？地獄乃意味著不成功。何為人類完美的狀態？羅伯特・赫德爵士在中國的海關服務。何為褻瀆神明？否認羅伯特・赫德先生是一個天使。何為極惡？……

對於我們所有人來說，在歷史和記憶之間都有一塊不很明確的過度區。這塊過度區是介於兩種過去之間，其一是可相對不帶感情予以研究的過去，其二是摻雜了自身的記憶與背景的過去。……比方說，從最老的一位家人可以指認或解說的最早一幀家庭照片起，到當公眾和私人的命運被認識為是不可分開而且互相決定的時候止。

——霍布斯邦(Eric Hobsbawm)《帝國的年代》

在七〇年代晚期或八〇年代初，仍有許多生活在北京的老人可以耳清目明地向我們細訴著庚子年間怎麼怎麼樣、清帝退位怎麼怎麼樣，就像現在我們可以輕易地聽到某個人在抗日戰爭或國共內戰時期如何如何。如果把歷史看作是一條平坦的或崎嶇的路，也許我們難以記憶某一處與自己息息相關的時間里程，比方說，我們不會記得在什麼路幾號門口和誰誰不期而遇，但我們會說，在什麼路的菜市場前碰見了誰。儘管我們和這個菜市場其實並無多大關係。而且，在平坦的路上只有記載里

A Street in Canton.

No.50

程的刻板數字，崎嶇的路上卻充滿著悲喜交集的風景。

我們生活在歷史之中，這使我們不知不覺的把個人或家庭的卑微記憶，深深地鑲崁在民族的歷史架構上，儘管歷史總是政治的、戰爭的和殺戮的，然而傷痕卻如此的便於記憶。無論是民族的還是個人的。

我祖母生在十九世紀八〇年代末期，到本世紀七〇年代初仍然健在，她不識字，但這並不妨礙她對甲午割台的記憶。無論是模糊的或清晰的、片段的或連續的，這個歷史的時間里程把她的童年分成兩半，一半是大清國的光緒年，一半是日本國的明治年，她忍痛裹腳的艱苦三年正好跨越了這個界線。當然，對於海島一隅的宜蘭縣內的小戶人家的女兒而言，這樣的記憶，究竟無關乎共存共榮或國仇家恨。她永遠不會知道誰是李鴻章、誰是伊藤博文，他們正在那個叫馬關的什麼地方談論著什麼？決定著什麼？更不會知道這時候的光緒皇帝正在紫禁城裡痛心疾首地說著什麼？

「台灣割則天下人心皆去，朕何以爲天下主！」是的，光緒皇帝是這麼說的。但這又與我祖母何關。有關我祖母及其同代人的記載只有短短幾個字：「奔相走告，聚哭於市，夜以繼日，哭聲達於四野」。但我祖母甚至不在記載之內，她正在纏腳，爲緩解疼痛，她總是躺在床上，把兩腳懸得高高的使足部缺血以減輕痛苦，如果眞的疼得受不了，我的曾祖母會給她吸兩口鴉片，但不能一直吸，所以床邊放著一條竹篾，用竹篾抽打的皮肉之苦來取代纏腳的筋骨之痛。這就是我祖母的甲午記憶，她甚至無從意識今後的生活將會發生什麼改變，儘管仍時不時的從遠方傳來戰爭的消息。

歷史大抵是少數人的歷史，但少數人的歷史卻必須由億萬多數人去承擔代價。我們說生民塗炭、民不聊生，或萬民擁載，或民心思變，到底就是這個意思。而我們竟一無例外的生活於歷史之中。甲午年正好是慈禧太后六十大壽之年，滿朝文武包括慈禧本人並不因前方戰事吃緊而降低祝壽規格，以致前線彈藥緊缺。1894年11

月赫德策劃發行的「慈禧壽辰紀念郵票」正連同這個黑色幽默，被中外收藏家們精心典藏在精美的集郵冊裡。那種感覺，就像是現在我們手中捧著的這本並不精美的書。

當我們的目光游移在這些明信片所呈現的古老場景之間，那似乎是霍布斯邦所說的「兩種過去」之間。作爲漫長郵路中的某一個收件人，雖然已經沒有人可以爲我們指認片中的某個人或某件事，但牽強附會的把衆多外國作者的恰當或不恰當的見解生搬硬套地強加其上，再對應明確或不明確的作爲時間里程的歷史事件，仍然使我們深深陷入霍布斯邦所說的重重過度之中。由於這些被製作成明信片的照片大多拍攝於1900年前後，使我們想當然的圍繞著這個年代，試圖將這些碎裂而片段的圖像拼貼成完整或不完整的現場。也由於這些照片幾乎全數出自外國攝影者之手，也就想當然的以外國旅行者的偏狹或不偏狹的記述，作爲得體或不得體的圖說。除此之外，幾乎沒有其他選擇。我們翻閱了大量清末民初的文獻筆記，除了少量口述歷史可以引用，其他多半是寫情寫意或抒發己志的文人小品。當然，涉獵不深也是問題之一。

錯綜複雜的線索使本書看起來像盤大雜燴一樣。是的，不過，我們姑且將這一張張照片看作是一碟碟酸甜苦辣的小菜，也就像逛夜市一樣，不需要什麼目的，也不需要什麼中心思想，想要什麼就要點什麼，淺嚐即止。在衆多的不確定中唯一可以確定的，就是那個其實並不遙遠的年代。這裡，我們從未刻意爲某個年代渲染某種意義。並不漫長的歷史已經使日曆上幾乎每一個面無表情的數字都充滿著光榮的或屈辱的內涵。不過只是碰巧，我們碰巧站在 2000這個時間的里程上，而且剛好收到寄自1900的記憶的郵遞。

Postkarte

Diese Karte zeigt die sogenann-
ten „Rikschas" (wörtlich übersetzt Mensch-
Kraft Wagen) weil sie von Menschen gegen
ganz minimale Entlohnung gezogen
werden. Für ungefähr 20 Heller kann man eine
Stunde (im Trab) fahren. Diese Leute haben
[illegible] keine kollegialen [illegible]

附錄

No.1

No.4

No.7

No.2

No.5

No.8

No.3

No.6

No.9

No.10

No.11

No.12

No.13

No.14

No.15

No.16

No.17

No.18

No.19

No.20

No.21

No.22

No.23

No.24

No.25

No.26

No.27

No.28

No.29

No.30

No.31

No.32

No.33

No.34

No.35

No.36

No.37

No.40

No.43

No.38

No.41

No.44

No.39

No.42

No.45

No.46

No.49

No.47

No.50

No.48

國家圖書館出版品預行編目資料

記憶郵遞：百年前發自中國的50封明信片 = From 1900 mail to 2000 / 林育德著. -- 初版. -- 臺北市：臉譜出版：城邦文化發行, 2001[民90]

面； 公分. --（臉譜書房；FS0003）

ISBN 957-469-393-7（平裝）

1. 明信片

557.644 90003687

MAIL TO 2000